世界名人非常之路

卡内基

美国钢铁大王

胡元斌◎编著

中国社会出版社

国家一级出版社·全国百佳图书出版单位

"世界名人非常之路"编委会

那是 18 世纪，爱尔兰著名经济学家理查德·坎蒂隆著作了《商业性质概论》一书，他在该书中首次对"企业家"进行了定义，阐释企业家是专门承担风险的人。

后来，奥地利著名政治经济学家约瑟夫·熊彼特在所著《资本主义、社会主义与民主》中指出，企业家就是创新者，就是不断探索新的可能方案，不断寻找新的意义所在，不断发现新的实现自我的途径。按照他的定义，企业家的内涵和外延要广泛得多，不仅包括在交换经济中通常所称的生意人，也包括公司雇用人员，例如经理、董事会成员等。

美国著名企业家克雷格·霍尔在所著《负责任的企业家》中指出，企业家是做实事的人，是冒险家，是风险承担者，他们对朋友、商界伙伴和社会是负责任的。也就是说，企业家不仅是社会革新者，更是社会责任与信用关系的维护者，并且致力于改进社会。

总之，"企业家是不断在经济结构内部进行'革命突变'，对旧的生产方式进行'创造性破坏'，实现经济要素创新组合的人。"他们创造物质财富，推动社会不断进步，使人们更加幸福。财富虽然只是一个象征，但它与人们的生活、国家的发展、民族的强盛等息息相关。

企业家也创造巨大的精神财富，他们在追求财富过程中所表现出来的创新、冒险、合作、敬业、学习、执着、诚信和服务等精神，值得我们每一个人学习。这种企业家精神既是这个特殊群体的共同特征，也是他们独特的个人素质、价值取向以及思维模式，更是他们行动的理性超越和精神升华。

当然，企业家是在创造财富的实际行动中，在点点滴滴的事例中体现出伟大精神的。我们在追寻他们成长发展的历程时就会发现，虽然他们成长发展的背景各不相同，但他们在一生中所表现出的辛勤奋斗和顽强拼搏的精神，则是殊途同归的。

写在前面的话

这正如美国著名思想家和文学家爱默生所说："伟大人物最明显的标志，就是他们拥有坚强的意志，不管环境怎样变化，他们的初衷与希望永远不会有丝毫的改变，他们永远会克服一切障碍，达到他们期望的目的。"同时，爱默生认为："所有伟大人物都是从艰苦中脱颖而出的。"

为此，我们特别推出了"中外企业家成长启示录"丛书，精选荟萃了现当代中外在钢铁、石油、汽车、船运、时装、娱乐、传媒、电脑、信息、商业、金融、投资等方面最具有代表性的企业家，主要以他们的成长历程和人生发展为线索，尽量避免冗长的说教性叙述，采用日常生活中富于启发的小故事来传达他们的精神。尤其着重表现他们所处时代的生活特征和他们建功立业的艰难过程。本套作品充满了精神的力量、创业的经验、经营的学问、管理的智慧以及财富的观念，相信我们广大读者一定会产生强烈的共鸣和巨大的启迪。

为了让广大读者更方便地了解和学习这些企业家，我们还增设了人物简介、经典故事、年谱和名言等相关内容，使本套作品更具可读性、指向性和知识性。为了更加形象地表现企业家的发展历程，我们还根据他们的成长线索，适当配图，使之图文并茂，形式新颖，以便更加适合读者阅读和收藏。

我们在编撰本套作品时，为了体现内容的系统性和资料的翔实性，参考和借鉴了国内外的大量资料和许多版本，在此向所有辛勤付出的人们表示衷心谢意。但仍难免出现挂一漏万或错误疏忽，恳请读者批评指正，以利于我们修正。我们相信广大读者通过阅读这些著名企业家的人生成长与成功故事，会更好地把握自我成长中的目标和关键点，直至开创自我的幸福人生！

人物简介

❧ 名人简介 ❧

安德鲁·卡内基（Andrew Carnegie，1835～1919），出生于英国苏格兰古都丹弗姆林，在美国被人们称为"钢铁大王"，与"汽车大王"亨利·福特、"石油大王"洛克菲勒等大财阀齐名。

卡内基出身于苏格兰的贫民阶层，13岁时随家人移民来到美国匹兹堡，从最低级的工作做起，白天在工厂做工，晚上到夜校学习，勉强维持生活。

卡内基14岁时在一家电报公司工作，他的毅力很快得到了经理的赏识，受到公司的重视。

在卡内基18岁时，宾夕法尼亚州铁路公司西部管区主任斯考特看中了他，聘他去当私人电报员兼秘书。

经过一番努力工作，卡内基在24岁时就升任该公司西部管区主任。

29岁时，卡内基自立门户，与同伴合伙创办了卡内基科尔曼联合钢铁厂。

46岁时，卡内基与弟弟汤姆一起成立了"卡内基兄弟公司"。

57岁时，卡内基把卡内基兄弟公司与另外两家公司合并，组成了"卡内基钢铁公司"，攀上了自己事业的巅峰，成了名副其实的钢铁大亨。

65岁时，卡内基出版《财富的知音》一书，决心退出商界，将卡内基钢铁公司卖给金融大王摩根，全力从事慈善事业。卡内基先后进行了设立救济基金与养老基金、捐助图书馆、创立"卡内基协会"、创办"卡内基大学"等多项慈善活动。

1919年84岁的卡内基在美国雷诺克斯市的别墅中因肺炎而谢世，结束了自己传奇的一生。

✿ 成就与贡献 ✿

卡内基通过白手起家，建立了一个生产钢铁的大型钢铁联合企业。该企业在数十年里保持着世界最大钢铁厂的地位，几乎垄断了美国钢铁市场。

卡内基的钢铁厂拥有20000多名员工以及当时世界上最先进的设备，它的年产量超过了英国全国的钢铁产量。卡内基也因此被称作"钢铁大王"，与当时"石油大王"洛克菲勒、"金融大王"摩根并立，成为当时美国经济界的三大巨头之一。

✿ 地位与影响 ✿

卡内基在美国工业史上写下了难以磨灭的一页，他征服了钢铁世界，成为美国最大钢铁制造商。成为世界级的超级富翁后，卡内基开始从事慈善事业，他几乎将全部的财富捐献给社会。

卡内基成立了商业化运作的慈善基金会，用来帮助捐出自己的财产。卡内基开展的慈善事业不仅为当时的人们带来了福音，更启发了包括比尔·盖茨在内的一代又一代的美国人。

卡内基主张设立基金会，以企业化的方式管理。这种方式不仅使"卡内基基金会"得以历经100多年历史而屹立不倒，而且奠定了美国现代慈善组织的基本模式。

卡内基从一文不名的移民，通过自己的奋斗，成为堪称世界首富的"钢铁大王"，而在他功成名就后，他又将几乎全部的财富捐献给社会。他生前捐赠款额之巨大，足以与死后设立诺贝尔奖金的瑞典科学家、实业家诺贝尔相媲美，由此成为美国人心目中的英雄和个人奋斗的楷模。

目录

卡 内 基

勤奋贫苦的少年

卡内基的家族 …………………………………… 2
追求的英雄行动 ………………………………… 6
举家移居美国 …………………………………… 9
全家赶往匹兹堡 ………………………………… 13

踏实工作的青年

屡次寻找工作 …………………………………… 18
电报公司的面试 ………………………………… 21
电报工作得赞许 ………………………………… 24
珍惜和利用图书馆 ……………………………… 27
被派往格林斯堡 ………………………………… 30
结识偶像斯考特 ………………………………… 33
从电报公司跳槽 ………………………………… 37
得当处理紧急电报 ……………………………… 40

从平凡到卓越

第一笔大投资获利 ……………………………… 44
感情至深的顶头上司 …………………………… 47
找到一个大金蛋 ………………………………… 50
参与南北战争铁路保障 ………………………… 55
铁路为他带来了大笔利润 ……………………… 60
荣归苏格兰故乡 ………………………………… 66

钢铁大亨的奋斗

合伙成立吉斯通桥梁公司 ……………………… 72
千方百计获得合同 ……………………………… 77
与铁路财团加勒特的合作 ……………………… 80
决定介入钢铁行业 ……………………………… 84
投资俄州大油井 ………………………………… 89

卡 内 基

关注钢铁产业的最新行情 …………………………………… 95

海外参观获益匪浅 …………………………………………… 99

参与美国关税法案 …………………………………………… 103

全力向钢铁业进军 …………………………………………… 106

产生急流勇退想法 …………………………………………… 108

第一个雇用化学家的企业 ………………………………… 111

与斯考特分道扬镳 …………………………………………… 118

应对经济萧条的来袭 ……………………………………… 122

善于选拔任用人才 …………………………………………… 125

向垄断钢铁行业努力 ……………………………………… 128

击溃霍姆斯特德工厂 ……………………………………… 131

工厂厂长的最佳人选 ……………………………………… 134

环球旅行感悟深刻 …………………………………………… 140

乡间田园的绅士生活 ……………………………………… 145

故乡授予他荣誉市民 ……………………………………… 148

不幸的事接踵而来 …………………………………………… 151

遇到的最完美的人 …………………………………………… 154

成为全球最大的钢铁公司 ………………………………… 159

公正处理罢工恶果 …………………………………………… 162

慈善事业与捐助

出版《财富的福音》 ……………………………………… 168

设立英雄基金 ………………………………………………… 173

成为大学校长 ………………………………………………… 178

完善捐赠制度 ………………………………………………… 184

遗产的分配 …………………………………………………… 188

附　录

经典故事 ……………………………………………………… 190

年　谱 ………………………………………………………… 192

名　言 ………………………………………………………… 193

勤奋贫苦的少年

　　凡事不论大小，都要认真地去做。努力把每一件小事情认真做好，以后才有人敢把大事情放心地交给你。

—— 卡内基

卡内基的家族

1835年11月25日，被称为钢铁大王的卡内基出生在英国苏格兰丹弗姆林一间平层小房子的阁楼里。他的全名叫"安德鲁·卡内基"。卡内基是他的姓氏，安德鲁是他的名字。

丹弗姆林约在北纬56度线通过的位置，在世界地图上比莫斯科还要偏北，在细长的福斯湾的最深处，是苏格兰的古都。这里遍地是粗硬的岩石，上面长满了矮松及杉木等植物。

长期以来，丹弗姆林是个非常著名却又很受争议的地方，有人对它褒扬赞美，也有人对它非议贬低，它一直是苏格兰资产阶级革命最激进的地区。

丹弗姆林的北部盛产煤，南部一带为农场。农场出产马铃薯、燕麦及少量的小麦。卡内基的父亲经营纺织厂，专门纺织丝绸、亚麻布以及苏格兰格子布，远销世界各地。

卡内基出生时，他家的住宅楼里陈列着数台纺织机，几名雇来的工人在里面工作。但那时正值政治与经济转型期，英格兰的兰开斯特及利物浦等新兴机器纺织企业排挤家庭工厂。遭受此打击，丹弗姆林的纺织业日渐衰颓。

工人离开纺织工厂后，附近的年轻人纷纷拿起镐锹，转往煤矿及铁厂谋生。卡内基的其他亲戚相继离开丹弗姆林移民美国。卡内基家族中的一部分成为美国移民。

卡内基家族在当地颇有名气，安德鲁·卡内基的太爷名字叫作詹姆斯·卡内基，是个相当有反叛精神的人，他曾因在密尔暴动中起带头作用，因煽动暴动罪而被控入狱。

安德鲁·卡内基与自己爷爷的性格相似，他的爷爷在当地也是颇有名气，他是个机智幽默、亲切随和的人，但做起事来却有坚韧不拔的毅力。他的爷爷继承了他太爷的纺织手艺，自主经营。纺织工业成为卡内基家族的传统产业，他们以此自豪。

虽然卡内基的爷爷身无分文，但他却凭借自己的聪明才智，被一位富裕的轮船主女儿看上了，并且和她结成眷属。卡内基的祖母可谓慧眼识英雄，他们一生恩爱。

安德鲁·卡内基的父亲名叫威廉·卡内基，延续家族传统，从事锦缎纺织。他的母亲叫玛格丽特，来自莫里森家族。莫里森家族在当地是名门望族。

卡内基的父亲并不是一个单纯的纺织业者，和他的爷爷相比，他少了一份演讲家的天分，却更像是个沉思的学者。他的父亲很爱读书，卡内基的叔父也是如此。

他的父亲与他的叔叔与他们的好友，一共5人，还合办了一个读者会，他们时常聚在一块儿读书朗诵，讨论一些学术问题。

从普通的纺织设计专业毕业后，卡内基的父亲凭借自己艺术家的特质制造出了华丽的绸缎。在此之间，绸缎纺织是利用丝绸来进行的，丹弗姆林后来成为著名的绸缎纺织贸易中心。

卡内基的父亲不仅学识丰富，而且敢作敢为。

在儿子出生后，他参加了在丹弗姆林分离者长老教堂举行的一个礼拜仪式。那天，牧师的布道是有关婴儿诅咒的，卡内基的父亲受不了牧师神神叨叨的胡言乱语。于是，他毅然从长凳上站起来，说道："如果这就是你们的宗教和上帝的话，那么我将另寻宗教和一个更高尚的上帝。"

从那以后，他再也没有去过教堂。

和正直、深刻的威廉·卡内基不同，卡内基的母亲玛格丽特更加务实，她很注重与自身利益有关的事物。

在婚姻中，玛格丽特一直都把自己丈夫的需求放在首位，不愧为贤妻良母。按照苏格兰的说法，她是一个"整洁""精打细算"并且非常热心于"执行主妇职责"的妻子。在儿子安德鲁的一生当中，玛格丽特一直都是他成功背后最大的推动力。

对安德鲁最有影响的人是他的外祖父汤姆·莫里森。莫里森家族在当地很有名望，而且汤姆是个天生的演说家、热情的政治家，因此他被推选为当地激进派的领袖。

他早先继承了其父亲的皮革生意，后来由于投资失败，成为一名鞋匠。也许是因为遭受到自己失败的打击和失去地位的耻辱，他开始追随当时十分流行的极端主义，并成为倾向于基层政治行为的极端主义分子之一。

卡内基的外祖父汤姆热衷于宣传极端主义事业，经常去政治集会场所进行极端的辩论，他曾经是大名鼎鼎的《先驱报》的出版人，也经常写一些激进的文章，做一些激进的演讲。

后来，卡内基到了美国，有好几次，几个有名望的苏格兰人特意找到他，指名道姓地要和汤姆·莫里森的外孙握握手。

卡内基就是出生在这样的家庭，他后来把自己喜欢乱写的天赋归功于双亲家族的遗传，因为卡内基家族既是阅读者也是思考者。

卡内基可以于家中远眺建在岩石上的爱丁堡。他6岁时，曾随叔叔和堂弟一同前往爱丁堡，一睹躬身驾临爱丁堡的维多利亚女王尊容。

叔父自从妻子去世后，一直过着鳏居生活。他一人抚养乔治长大，卡内基与乔治情同亲兄弟。

长期以来，苏格兰都极度重视教育，每个教区都有一所学校。在教育平均主义的氛围下，聪明的孩子会得到更多受教育的机会。尽管如此，很多家庭还是负担不起孩子正规教育的费用，因此，自我教育在并不富裕的家庭中就流行起来了。

在丹弗姆林，卡内基自小就加入到自我教育之中。

每天一大早，卡内基就起床。由于当时没有自来水，一切用水都得从附近仅有的一口井排队打来。每天上学前，卡内基都要用大木桶为家里来回挑几次水，而后才吃早饭，然后上学，因此他上学经常迟到。但是校长了解他的难处，并不责备他。

追求的英雄行动

每个国家、每个民族都会有自己的英雄，每个少年都该有自己的英雄梦。偶像的力量是不可估量的，对人的影响也是长久而又潜移默化的。

在少年时，卡内基时常随着教历史的叔叔拉文达到处参观古迹。他对库尔德人移民，与英格兰的敌对关系，以及同一国君治理等历史了如指掌。

他所具备的历史知识已远超过与他同龄的孩子。

他常听叔父讲故事。他对玛丽女王在这城中被英格兰女王伊丽莎白捕获时的故事听得入了迷。尤其着迷骑士华莱士揭竿而起的故事，当他听到华莱士被处极刑时，竟然泪流满面。

还有一个人对卡内基的影响也很大，那就是他的姨父，乔治·劳德。由于卡内基的父亲必须整天工作在纺纱店里，极少有闲暇顾及卡内基。而姨父在大街上经营一家店铺，不会将自己拴在店中。

在教育上，卡内基的姨父劳德很重视背诵，卡内基因此受益匪浅。他经常要穿着外衣或者衬衫，卷起袖子，戴上纸制的头盔，把脸涂黑，拿着木板条做的剑，扮演各种戏剧和传说中的人物，向他的同学以及老人，背诵他的台词或是对话。

由于姨夫这样的教育方式，卡内基的记忆力在一定程度上得到了极大的提高。卡内基能极快地学会感兴趣的知识，这让他的一些朋友感到吃惊。

丹弗姆林的学校生活对卡内基是一个考验，他每天都要背4节赞美诗。

他的方法是这样的：在去上学之前一眼都不看，如果慢慢走，五六分钟之内可以到学校，他就可以在这段时间内背完4节赞美诗。

第一节课就是圣诗，因为他事先已有准备，因此成功地通过考验不成问题。但如果让他在30分钟后再重复一遍，其结局恐怕就有点惨不忍睹了。

卡内基开学不久姨父便溘然长逝了，他的死让卡内基很悲伤。

卡内基所知道的关于苏格兰早期历史的所有知识都是姨父教给他的：关于华莱士、布鲁斯、伯恩斯，还有失明的海瑞的历史，斯科特、拉姆齐、唐纳希尔、霍格和福格森。

可以说，在那时，伯恩斯的话语在他的身上形成了一条对苏格兰的偏见的血脉，热血奔腾不止。在众多的英雄人物中，华莱士是卡内基最推崇的人物之一，当他遇到困难时，常常会把自己想象成是华莱士，借此得到力量。

华莱士最突出的品质就是勇敢，这也是卡内基所拥有的最主要的东西。他认为自己的勇气是向华莱士学习的结果，英雄永远是男孩的力量之源。

后来卡内基来到美国，发现其他国家似乎也有值得骄傲的东西，这使他觉得失去了某种优越感。他意识到每个国家都有和华莱士一般的人物，都流传着他们的英雄事迹和罗曼史。

但是，作为一个真正的苏格兰人，卡内基在很多年以后也找不到理由来减弱他所形成的对自己国家的崇敬，甚至与那些世界上更大的国家相比，它的形象也不逊色。

他可以找到充足的理由来提升他对其他国家的看法，因为他们都有很多值得骄傲的地方——这足以激励他们的子女像他们一样决不玷污自己的出生地。

卡内基一生去过很多地方，接触过很多文化，但他的心是永远留在苏格兰的，他的英雄偶像也是苏格兰的富有勇气的华莱士。

卡内基在童年时最大的乐趣之一就是养鸽子和小兔。父亲不辞辛劳地为这些宠物搭建一个舒适的窝时，他为此感激不已。于是他家成了小伙伴们的大本营。

在妈妈的眼里，家庭的影响是让他的两个孩子踏入正途的最好途径。她常说："首先是要让家里充满欢乐，只要能让卡内基和在他家玩的孩子们高兴，没有什么是她和父亲不能做的。"

卡内基第一次商业冒险是做一名雇主。他请小伙伴们给他帮一个季度的忙，报酬是允许用他们的名字来给卡内基饲养的可爱的小兔子命名。通常他们都会在周六给小兔子预备食物。

在旁人看来，他与玩伴们签订的合同有些苛刻，甚至不合情理。但他的小伙伴们却大多心甘情愿地采集蒲公英和车前草。

整整3个月，除了以自己的名字命名兔子这个唯一的回报，他的小伙伴们没有得到任何酬劳，但他们没有提出任何别的条件。

卡内基非常珍视这段经历，并把它看成是组织能力的最早证明。后来他在苏格兰高地旅行的时候，还碰到过一名儿时一起喂兔子的小伙伴，他俩为此兴奋不已。

举家移居美国

蒸汽机的发明对手工业者是一个灾难。

卡内基一家也无法逃脱从手工织布到蒸汽织布机的纺织变革。卡内基的父亲和母亲没有意识到即将来临的工业革命，仍然在旧的体制下艰苦奋斗。随着织布机的迅速贬值，卡内基一家也迅速沦为贫民，生计每况愈下。

在 1848 年 4 月，卡内基举家移居美国前，收到了安妮姑妈从匹兹堡寄给他们的第三封信，告诉他们："那里的工作机会很多，大可一展宏图。"

于是在刚毅的母亲的坚持下，他们毅然拍卖掉了家产，特别是那些织布机，举家乘船驶出福斯湾，直奔大西洋而去。

拍卖的收益微薄可怜，让人失望。纺车几乎不值一钱，换不到任何东西。

卡内基一家于 1848 年 5 月 17 日离开了丹弗姆林。

当时父亲 43 岁，母亲 33 岁，卡内基 13 岁，而他的弟弟汤姆还不到 5 岁。汤姆是个长着一头白色头发的漂亮小男孩，黑色的眼睛闪闪发亮，不管在哪，他都是引人注目的焦点。

那天早晨，卡内基一家离开深爱着的丹弗姆林，坐在汽车里，沿着去查尔斯顿的运煤铁轨向前奔驰。

卡内基满含泪水站着，望着窗外，直至丹弗姆林在视野中消失。最后消失的建筑是那座伟大而神圣的古老的大教堂。

钟声每晚 20 时悠扬地鸣响，这非常让他留恋。在他的《美国的四驾马车在大不列颠》一书中，他曾经在写大教堂时提到过这口钟，并充满了敬仰之心：

"马车驶下廊道，我和沃尔斯教士长站在前排座位上，我听见大教堂的第一声钟响，是为了我母亲和我而鸣。我内心充满虔诚地跪了下来，泪水不知不觉地夺眶而出，我转过身去告诉教士长，我没法坚持，必须放弃。

"有一阵，我感觉就要昏厥，幸亏我看见不远处没有人群。我有时间控制自己，我咬着嘴唇，直至流血。我低声对自己说：'没关系，保持冷静，你必须坚持住。'再没有一种声音如此地深入我的灵魂，不时闪现，用它那悦耳、优美、动人的力量将我征服。

"伴着晚钟，我曾被抱上小床，进入孩提时那无邪的梦乡。每天晚上，当钟声敲响时，父亲或母亲慈爱地俯身面对我，告诉我钟声在说什么。通过他们的翻译，钟声的语言变得那么美好。

"这是从天堂和圣父那里传来的声音，在我入睡前，这声音会慈祥地告诉我，白天做了哪些错事。钟声平和，我知道敲响它的神灵看到了我所做的一切，但是并不生气，永远也不会生气——永远，只会感到遗憾——非常非常遗憾。

"今天，当我听到钟声，它仍然并不只是一种声音而已，它依然有它的含义，而现在它听上去就像在欢迎背井离乡的母亲和孩子归来，再一次托庇于它珍贵的关爱之下。

"修道院晚钟在敲响时给我们带来的快乐和荣耀，是上帝赐予人们心灵的慰藉，因为我们不知道如何抚慰自己。我的弟弟汤姆应该也在那里，这就是那时产生的想法。当我们要离开这里，去一个新的国度之前，他也开始回味这钟声的真谛了。

"卢梭希望能伴着优美的音乐死去，如果我能选择，我希望在我步入黑暗时，大教堂的钟声能在我耳边敲响，告诉我人生的竞赛已经结束，是超脱尘世间所有烦恼的时候了，像召唤那个白头发小男孩一样召唤我入睡——最后一次。"

据史料记载，在这一年，苏格兰有 18.38 万人移居美国。他们分乘几百艘船，远涉重洋，驶向美国。丹弗姆林和苏格兰的很多地方一样，破产、失业的人们义无反顾地加入了移民大军。

有的旅客在船上精神抖擞地唱着歌：

西方！西方！自由乐土在西方。

气势雄浑的密苏里河滚滚流向加勒比海。

纵然付出辛劳的代价，也在所不惜。

那里，穷人至少可以摘取地上长出来的果实……

但当帆船一驶离苏格兰，大家就因晕船而都躺下了。唯独卡内基身体状况良好，因而备受船员们的喜爱。卡内基帮着船员做了一些杂事，他享受到了一般旅客所没有的特别餐点。

5 岁的弟弟汤姆和母亲一块儿住在女性的船舱，卡内基与父亲住男船舱。打开甲板的舱口，顺梯而下，就置身于这个客舱的黑暗之中，举步行走都得躬背弯腰，否则就碰头。对卡内基来说，这是一次愉快的海上旅行。

第 50 天时，船终于在纽约湾的卡斯尔·葛登近海停泊，全航程约 6400 千米。虽然历经艰辛到了目的地，可在纽约举目无亲的卡内基一家，并没有因此宽心，漂泊的愁绪反添了几分。

完全出乎意料，在码头上呼唤的人，竟然有一位是玛格丽特少女时代的闺中密友史罗。史罗的先生以前与卡内基的父亲威廉是纺织同行，现在也站在一旁。从他的穿着明显可以看出，他们在纽约混得并不尽如人意。

他们在史罗家住了一夜。第二天清晨，卡内基一家到码头的移民协会，接受安排前往最终的目的地——匹兹堡。

全家赶往匹兹堡

到匹兹堡的路有两条，一条走北方的迂回路程，绕经伊利湖；另一条坐火车南下至费城，然后再到匹兹堡。

经过费城再到匹兹堡确实是一条捷径。

以前阿勒格尼山脉山势险峻，跋涉艰难。但现在有斜坡搬运专用的轨车，可连接运河，而且驿马车的路况也很好，是由石块铺成的。不过，要花不少钱！每500米至少要6分钱。而北部迂回路线，虽然较费时间，但每500米只需两分钱。

"绕经北部！"玛格丽特代替犹豫不决的丈夫果断地正面回答。玛格丽特，是未来钢铁大王卡内基最为敬爱的女子。她的脸部扁平，眼光非常锐利，身着黑色棉衬衫，配着格子裙。

她是非常受邻里敬慕的女性，当她执意要离开丹弗姆林时，镇上所有认识她的人都流下眼泪，希望她断了移民美国的念头。

不过，她决意执行的事，谁也阻挠不了。她一决定迁移美国，即刻拍卖掉了房屋、纺织机及一切家具什物。然而，拍卖所得的现金却不够付一家4口人的船票。

自幼便与玛格丽特情同姐妹的艾丽执意把自己的私房钱给玛格丽特，"用我的储蓄！"艾丽反复坚持。

她瞒着丈夫每月存下6先令的私房钱。6先令相当于2.5美元，现在艾丽已存了20英镑。这笔"巨款"本来是准备用来盖房的。

"这是我的一点心意，请收下吧！"艾丽浓厚的苏格兰口音内掺杂着恳求的成分。

玛格丽特婉谢了好几次，但终于拗不过艾丽的好意，感激地收下了。说道：“那么，就借到有能力偿还时为止。我一定要还给你的。”玛格丽特的声音融化着浓烈的友情。

“匹兹堡……是怎样的一座城市？”作为众所周知的事实，假如匹兹堡没有发展成重工业重镇，第一次世界大战中美国就无法战胜德国；同时，也因无力制造坦克、大炮和军舰，无法成为超级强国。此外，南北战争时，北方就不可能打败南方。

但是，“匹兹堡到底是怎样的一座城市呢？”母亲也流露出强烈的不安。

提起宾夕法尼亚州，人们自然会联想到费城及内地的工业都市匹兹堡。此时的费城对于像卡内基一家一样后来才到的苏格兰贫穷移民来说，已经失去了魅力。

费城位于纽约与华盛顿铁路、公路交会的中央枢纽位置，从这两个城市乘车，两个半小时就可抵达费城。另外，从特拉华湾上溯特拉华河，也可抵达费城。费城既是美国的革命发祥地，也是建国之地。

费城的地名，是教友派教徒威廉·宾命名的。在希腊语中是具有“兄弟般爱的城市”的意思。

威廉·宾的父亲贵为总督，曾提供给查理二世及约克公爵军费，因此，威廉·宾虽然是教友派教徒，但仍被允许在德拉瓦河西岸开辟殖民地。他率领教友派教徒，来到宾夕法尼亚州。

教友派反对战争，并曾站在反越战的第一线。该派虽属基督教的一支，但却提倡反教会主义，信徒与教职人员没有区别。

他们敬畏圣灵的权威，若有圣灵感动，谁都可以传教，具有崇尚自由与爱好和平的传统。该宗教名称的由来很特殊：当教徒一感到圣灵充满时，精神便会相当亢奋，继而浑身颤抖，因而取名“战栗者”。

虽然威廉·宾对印第安人采取友好政策，并与印第安人缔结了著名的“和平相处协定”，但威廉·宾回国后，宾夕法尼亚州，随即转变成双方激战的场所和双方争夺的焦点。

宾夕法尼亚州以月桂树为州花，风俗纯朴善良，居民工作很勤奋，其中50%为农民。而匹兹堡后来之所以成为工业重镇，完全在于它的地理价值。

阿巴拉契亚山系的阿勒格尼山脉纵贯州内，整个州的森林面积广阔，地形类似瑞典。州的1/14是河川及湖泊。教友派的农民，并没有将田产留给子孙的风气。

冠以威廉・宾之名的宾夕法尼亚州最初殖民者是荷兰的毛皮商人。但他们并没有设置开拓地，所以，一般认为，最初的殖民者是在特拉华河西岸，建造圆木小屋的三四百个瑞典人。

他们沿特拉华河上溯，拓展村落。

18世纪前半叶，因路易十四的高压统治，大批的德国人集体放弃荒芜了的莱茵地，横越大西洋，前往威廉・宾所开拓的自由新天地，寻求新的希望。

这时期，大量的德国移民者涌入宾夕法尼亚州。接踵而来的是荷兰人及具苏格兰血统的爱尔兰人。法国人也不甘示弱，随即紧跟投入这块土地，诸色人种混合成美国移民的基础。这也是这里成为革命的发祥地的顺理成章的理由。

革命前，德国的移民占全州人口的1/3，人数超过10万人。这群移民者中，有位名叫李登哈斯的工业家，他在英国的殖民地上首先建立造纸厂，随后设立啤酒厂、纺织厂以及玻璃厂。

宾夕法尼亚的制铁工业，可追溯至革命以前，1720年左右，铁矿及煤矿就开始受到关注。

此时，德国人与其他移民，在流经费城西北方的楚尔基尔河溪谷，开始铸铁。他们把水车装设在费城北方80千米的特拉华河的河床上。据说以此动力铸造出来的铁制品质地非常优良。

铁厂在革命以前一直向西扩展，由总督府官吏及审判官在内的8位事业家共同投资兴建。萨斯科哈那河畔逐渐成为制铁中心。德国农民最早将石灰质的坚硬土地，开垦成小麦的大谷仓。

在萨斯科哈那河岸地带制造的铸铁，大部分都运到费城，加工成白铁皮板、钉子及农耕器等。剩余的铸铁则输往英国，但此时还不是匹兹堡时代。

匹兹堡位于3条河流的交叉点，它处在由西北部流入的俄亥俄河与由东北部流来的阿勒格尼河的汇合点；还有另一条莫诺加拉河交叉而过。

匹兹堡两侧，有辽阔的密歇根、西弗吉尼亚及俄亥俄州及肯塔基州等农矿业地带。

自乔治·华盛顿初次远征匹兹堡以来，经7年战争以及到后来的美国的独立革命战争，匹兹堡之所以成为军事要塞，是因为匹兹堡位于俄亥俄河与阿勒格尼河两河汇合之处。

另外，宾夕法尼亚的印第安人的动向，和为驱逐印第安人与法军的联军而开拓的宾夕法尼亚的道路以及运河的交通路线，使匹兹堡的地理价值观念更富于决定性的影响。

这两个原因具有相互的关联性，在匹兹堡的军事价值外，再加上政治与经济价值，匹兹堡形成重镇，是综合原因作用的结果。

卡内基一家下了船，首先在和匹兹堡隔着阿勒格尼河的新兴市郊住宅区——阿勒格尼城落脚。其实，称阿勒格尼城为"新兴市郊住宅区"，似乎太言过其实。城里大部分人每天都得经过架设在阿勒格尼河上的大桥，前往匹兹堡工作。

踏实工作的青年

　　不要以为富家的子弟，得到了好的命运。大多数的纨绔子弟，做了财富的奴隶，他们不能抵制任何的诱惑，以致陷于堕落的境地。

—— 卡内基

屡次寻找工作

卡内基一到达阿勒格尼城，就迫不及待地写信给在丹弗姆林的堂弟乔治，信上提到阿勒格尼城的人口为 2200 人。

每逢雨天，阿勒格尼城市区的道路就泥泞不堪。每年一到春天，3 条河川都定期泛滥成灾，造成霍乱与伤寒的肆虐。在艳阳高照的干燥季节里，尘土与垃圾漫天飞舞，蚊蝇群聚。

整个阿勒格尼城一片脏乱，在这种脏乱的环境中，盗窃、凶杀及卖淫等犯罪事件层出不穷。然而阿勒格尼却只有 4 名警探，整个社会秩序混乱不堪。

据匹兹堡的历史记载，1820 年该市有 1800 户，人口约 10000 人。20 世纪 40 年代，人口增至 13 万人，户数达 10000 户。

卡内基一家到达时，匹兹堡刚进入产业生长期。这年，欧洲革命失败，各国移民纷纷涌向匹兹堡。

匹兹堡被称为"桥市"，也是因为阿勒格尼的居民前往匹兹堡必经的阿勒格尼大桥。这座桥为因急速发展的需要，不断反复建造，都因火灾而烧毁，烧毁后重建。

1839 年，建造的这座横跨阿勒格尼河的木桥，据说当时颇受全国瞩目，因为这座有顶棚的木桥在当时十分时髦。

卡内基一家暂时住在阿勒格尼城拉比卡街的舅父霍甘家。舅父霍甘是一个爱唠叨的男人，在阿勒格尼经营一家小型杂货店，对卡内基一家人十分照顾，还经常给卡内基讲当地的逸闻趣事。

霍甘租了一栋两层楼房，目前二楼正空着。这是由于在卡内基一家人来之前，霍甘的弟弟及其家人，本来在这栋房子的二楼装设纺织机织缎，但因没有赚钱，就关闭了。

卡内基一家来得正好，就暂且住在空着的二楼上。刚搬进去，威廉又操起了老本行，织起布来。除此之外，威廉别无选择。所幸运的是房租非常便宜。

威廉所织的布，以餐巾及桌布为主。这与在丹弗姆林所织的民俗工艺品不同，找不到购买这些产品的批发商，成了最困扰威廉的问题。

像往常一样，卡内基的母亲又挺身而出，没什么可以阻止她的。她在小的时候，就从她的父亲那里学会了怎样给鞋子镶边，以此赚些零花钱。如今，她的这一技艺可以为家庭创收了。母亲一面接活，一面还要做家务。

卡内基的母亲是一位伟大的女性，她每个星期能挣到 4 美元。她常常工作到深夜。白天或晚上若有空闲，暂时没什么家务的话，她便让小汤姆坐在她的腿上，帮她把线穿进针眼里，再把线打上蜡。

就像以前对卡内基那样，她会给小汤姆背诵苏格兰诗歌中的精华部分，她似乎已经把这些深深地记在了心里。有时她也会给他讲故事，每一个都寓意深刻。

在苏格兰人看来，向人推销货品是最低下的商业行为。可是，为了生计，威廉不得不将这些手织的餐巾、桌布类装入大布袋，背着挨家挨户去兜售。

威廉一家生活很清苦，威廉赚钱远不够一家糊口的，玛格丽特一开始就意识到这点，便以缝鞋为副业，她经常缝到三更半夜。

"早知如此，何必不远千里跑到这种地方来！"威廉经常这样发牢骚，而玛格丽特总是装着没有听到，卡内基与弟弟汤姆待在一旁帮忙穿针引线，默默地工作。一家人每周只能赚 5 美元钱。

"不要再让卡内基闲着没事干，叫他去码头卖点东西吧！"一天晚上，霍甘舅舅对玛格丽特说道。霍甘重复了两三次，玛格丽特仍一声不吭地继续做她的事。

霍甘说："据说在码头兜售东西，生意挺不错！弄个篮子，卖些杂七杂八的小玩意。"

那一瞬间，母亲如悲剧中的女主角，哀凄地站了起来。她泪如雨下，不停地啜泣着。

她紧紧地搂住她的两个儿子说："不要听那糊涂舅舅的话。叫安德鲁去码头和那些粗人一块儿当小贩？你要知道，男人的事业有多重要。干那种贩夫走卒的下贱工作，不如死掉算了！"

母亲说完话，整个人都僵住了，还不停地颤抖着。后来，卡内基还一直记得母亲在听到霍甘舅舅建议时那强烈的反应。

附近的一些男孩们总爱揶揄卡内基，因为他体格稍嫌矮小，说起话来带着浓厚的苏格兰腔。揶揄卡内基的那些男孩，却也是苏格兰后裔。

卡内基眉宇之间比别人宽，看起来有点愚蠢，他长着一头漂亮的银白色头发和高耸的苏格兰鼻梁。

卡内基的苏格兰口音在与朋友的频繁交往之后，很快消失了。这些朋友是邻近的苏格兰移民的后人，他们不管口音重不重，种族意识与团结心却特别强烈，终于结成了死党。

他的朋友中，有一个人的父亲经营纺织工厂，是老苏格兰移民。于是威廉父子一同受雇到了这家工厂。

卡内基耐着性子，在暗室般狭窄的锅炉房中努力工作。后来薪水加到两美元一周，而父亲因讨厌机器，受雇后不久就辞去工作，又开始在家做手工纺织。

电报公司的面试

卡内基的双亲及其家属多是很有学问的人，受他们的影响，卡内基比同龄人更注重学习。终于，他的勤奋得到了回报。

有一天，雇主问卡内基："你会写字吗？"

"会的。"

于是，卡内基一边说一边写给他看。

"嗯，写得挺好的，愿不愿意帮我记账？"雇主停顿了一会儿，又补充道，"管账的人辞职了，而我又不擅长记账。你来管账吧！"

卡内基听了之后，非常兴奋，能逃离那热得令人发昏的锅炉房，真是一大乐事。

雇主对卡内基所记的账，打心眼里感到满意。但他后来发现，卡内基擅长算数，于是他把更多的事情交给卡内基去做。

有个叫约翰·斐浦斯的挺聪明的少年，告诉卡内基："你现在做的账，只是简单的收支的单式簿记。"

少年狡黠地眨眨眼睛："当然，小商店这种就足够了，可是匹兹堡的公司，现在都是采用借贷与损益可一目了然的复式簿记。"

一天夜里，大伙儿在斐浦斯家里聊起来。斐浦斯说："我认识一位教复式会计的教师，我们可以利用晚上去上课，学费还挺便宜。"

于是，约翰·斐浦斯、汤姆·米勒及另一位朋友威廉·泰莱，加上卡内基4人，晚上开始学习复式记账，每周上3次课。

这群孜孜不倦的孩子，在未来建立卡内基钢铁王国上，已展开某种形式的合作。学习复式记账，不仅是卡内基，同时也是这几个十三四岁孩子们一生的转折点。

"玛格丽特，安德鲁的工作有着落了，这回不是去兜售小玩意。"

霍甘托一位叫大卫的苏格兰人传话给玛格丽特，大卫是霍甘的西洋棋敌手。

据说大卫·布鲁克斯先生的电报公司需要一名送电报的信差。被玛格丽特怒斥的霍甘舅舅，一直为自己说错话而深感懊悔，他认为也许这回是个补过的机会。

第二天一早，卡内基穿着崭新的衣服及皮鞋，与父亲一道前往匹兹堡。到电报公司门前，卡内基突然停下脚步。

他提议由他一个人单独进去面试。因为卡内基与父亲并排时，显得格外矮小。此外，他担心父亲说话不得体而冲撞了大卫先生。当然，这话不能对父亲直说。

上到二楼，卡内基单独接受面试时，大卫先生并没有言及体格问题。问他对匹兹堡熟悉与否。

卡内基坚定地说："不熟，但一个星期内，我可以记熟，我会使劲强记。我个子虽小，但比别人跑得快，这一点请你相信。"

卡内基特别看重这次应聘，因为电报公司的周薪比工厂高多了。

大卫的电报公司只能接收从东部拍来的电报，与之竞争的另一家公司，事务所设在查尔斯旅馆的地下室，可接收从东部及西部拍来的电报。

匹兹堡当时就这两家电报公司。大卫叮嘱他要加点油，以后也要收西部接来的电报。

卡内基就开始上班了。

每当卡内基回想起当时的情景，他认为：

这件事情很值得借鉴，值得仔细思考。如果当时他不抓住机会，那将是一个极大的错误。虽然别人为他提供了一个岗位，但是有些意外事情还可能会发生，或许其他的男孩正在寻求获得这一机会。既然来了，就决定留在那里，只要情况允许。

布鲁克斯先生非常和善地叫过另外一个男孩，让他带卡内基四处看看，因为他是新来的。布鲁克斯先生要求卡内基跟着那个男孩走并且向他学习业务。

威廉一直徘徊在这栋建筑的一个角落里，心中记挂着儿子面谈的结果。而兴奋不已的卡内基早已忘记父亲还在外面等他。

很快地卡内基就找到机会跑去街角，告诉爸爸说一切都很顺利，并且让他回家转告妈妈说他已经得到了这份工作。

那年，卡内基 14 岁。

卡内基对工作非常用心，虽然他很努力，但他还怕自己学得不够快，不能够记住电报需传送到的众多不同商家的地址。所以，他开始沿着街道的一边逐个地记录这些房子的招牌，再沿着另一边返回，这样，他就可以把这条街上所有商家的招牌从头至尾记下来。

到了晚上，他就依次念这些商家的名字，以此来练习记忆。没过多久，就算闭着眼睛，他也能把这整条街上商号的名字从头至尾按顺序背下来。

电报工作得赞许

美国是电报的始祖。世界最早的电报，是 1844 年在华盛顿与巴尔的摩之间开通的铁路用电报。后来在 1846 年再由英国依序普及到德、法等欧洲国家。

当时，在匹兹堡，只要有人提起自己和电报公司有关，都会扬扬得意，即便是一个微不足道的电报信差，也如同现在可接触高科技工业一样引以为荣。

在一星期内，卡内基实现了自己面试时许下的诺言，熟悉了匹兹堡的大街小巷。两星期之后，卡内基连郊区也了如指掌。

"这苏格兰小个子挺勤快的嘛！"

卡内基体格虽小，但跑得很勤，在公司里颇获好评。受到大家一致的肯定，卡内基开始推荐他那一伙朋友。

罗勃·比肯是卡内基在电报公司第一年推荐的朋友，后来成了宾夕法尼亚州铁路公司副董事长。

大卫·麦考尔后来成为阿勒格尼河谷铁路公司董事长，也是那时卡内基推荐的。后来出任明尼苏达铁矿矿山公司董事长的亨利·奥立及后来任匹兹堡市法院首席检察官的威廉·摩兰均受到推荐。

进入电报公司一年后，卡内基已成为管理信差的监督者，在社内开始被称为"dean"，意思是教会的司祭长或首席官员，这意味着卡内基在信差中的突出地位。

若投递的电报超过责任区，可索取一毛钱的小费。电报童常为这一毛钱外快，争相抢这份差事而引起冲突。

从卡内基当监督起，纷争就消除了，因为卡内基规定："小费全部放在箱内，到月底大家再平分。"

每天早晨，大家轮流提前一个小时到公司打扫卫生，但卡内基每天都提前一个小时到达公司。打扫完之后，他悄悄跑到电报房操作电报机，这个稍纵即逝的秘密学习机会成为卡内基极其珍惜的快事。对此，他毫不以为苦，有的只是无比的兴奋。

首次利用点和线的符号组合发送华盛顿与巴尔的摩之间铁路用信号的是 S. F. B. 摩斯。发报者在字与句之间空 3 或 7 点线，依所按电键的电流与电压高低，来发送信号。收报者则以扩音器将它转变为声音，再用耳朵听取。

卡内基大清早操作电报机期间，发现了一位志同道合的伙伴，于是，他一扫完地，马上"滋滋、咚咚"地发起电报。对方如果有反应，他便没完没了地按。这就是每天早晨的秘密工作，他日复一日地进行着。

一天早晨，像平常一样，卡内基一大早到达公司，便进入电报房，只听见："紧急电报！这里是费城电报公司。一位叫沙利邦的人过世了，谁能收下这份电报？"

卡内基即刻收报，录在纸上，赶忙送到收报人家里。

大卫总经理到公司后，听到卡内基作的汇报，认为卡内基做得很不错，对他相当赞许。

爱德温·斯坦丁，南北战争时叱咤风云的人物，是林肯总统任期内的陆军部长。在布坎南任第十五任总统时，爱德温担任司法部长；林肯总统任第十六任总统时，提升其为陆军部长。南北战争期间，他曾积极主张对南方采取攻势，大唱主战论调。

当时，爱德温·斯坦丁在匹兹堡市中心设的法律事务所就职，使用电报的频率很高，每当卡内基送电报来时，他不仅给小费，还喜爱地叫他："小监工！小监工！"很显然，他打心里开始喜欢上这个"小监工"了。

一个月底的周末黄昏，电报童穿着绿色制服排成一列等着领取月薪，唯有卡内基被总经理召唤到另一间房。

"大概是偷偷操作电报机的事被发现了，真糟，弄不好要被开除了。"卡内基心里七上八下，忐忑不安。可是等待他的不是惩罚，而是惊喜。

"你做得很好，从这个月开始给你加薪，好好干。"他没料到总经理是这个意思。卡内基于是领了 13.5 美元，比上个月多出 2.25 美元。这对于一个年轻的男孩而言是笔巨款。

领了薪资，卡内基急不可耐地穿梭于车水马龙的街道，气喘吁吁地跑回家。一回到家，像往常一样，将薪水 11.25 美元交给母亲，加薪的 2.25 美元卡内基自己存起来了。

那个晚上，他把弟弟汤姆找来，把 2.25 美元的钱币悄悄地神气活现地拿出来。

7 岁的小汤姆眼睛瞪得滚圆："哇！老天，哥哥，你有这么多私房钱呐！"

"汤姆！"卡内基带着挺严肃的神色说。

"有一天咱们兄弟俩合开一家卡内基兄弟公司，赚好多好多的钱，送给母亲一辆闪闪发亮的马车，现在妈妈缝鞋总是不停地缝到深夜。"

"嗯！"

"咱们拉钩，说话算数。"弟弟乖乖地伸出小手。

第二天早晨，卡内基将 2.25 美元拿出来给母亲，问道："在丹弗姆林跟那阿姨借的钱，还差多少？"

玛格丽特提高了声调："再一点点，就够了。那 20 英镑的债，我们是一定得还的。"

母亲将 1 美元、50 美分，省吃俭用地存入自己的黑棉衫中。

珍惜和利用图书馆

卡内基全身心投入，十分卖力地工作。

他每隔一天都要值夜班，直至公司关门才下班。在他当班的那个晚上，极少有在 23 时之前回到家的时候。

如果无须值晚班，他可以在 18 时离开公司。如此一来，他就没有多少时间来充实自己，家里也不愿意在书本上有什么花费。然而，仿佛是福从天降，一个文学的宝库在他面前打开了。

市中心古老的匹兹堡戏院内，一到晚上，就公演莎士比亚的戏剧。电报童均享有戏院给予的免费看戏的特权，经常有一大群电报童溜到包厢里站着看戏。

卡内基看着当时演出的名演员夏罗德·库修曼和茱利亚·布斯朗诵莎士比亚的作品，深受感动。自此，莎士比亚强烈地吸引着卡内基，他极想看莎士比亚这些书，只是没钱买。

舅父霍甘毕竟门路多，他告诉卡内基："詹姆士·安德森上校的私人图书馆内有这些书，如果你想看的话，可以向他寻求帮助。"

卡内基的好朋友，汤姆·米勒，是集团核心成员之一，他就住在安德森上校家附近，卡内基便请他帮忙引荐。

找到了门路，卡内基立刻前往上校的家。当莎士比亚全集映入跨进门的卡内基的眼帘时，他心里一阵狂喜。

上校家有 1800 册藏书，在当时而言是相当丰富了。退役的上校亲切地告诉好学的卡内基："借给你看一个星期，一个星期后拿回来时，若没有弄脏，可再换借一本。"

上校的名声传开了，好学的少年纷纷前去借书。上校眼看借书的人日渐增多，决计办个图书馆。他到纽约添购了各种书籍，又扩大自己的书斋，成立了一个真正的图书馆，上校给图书馆定为"机械·初学者图书馆"。

上校住宅里的书斋确实过于拥挤，后来他向市政府商议借一间房子，将图书馆搬到那间房去。

"本馆仅供初学者免费借阅，其余须缴年费两美元。"借用市政府房子的事一经提出，官方势力跟踵介入，于是上校颁布这条新规则。

"我是电报信差，但还在学习，那也要缴年费？"卡内基前往图书馆抗议。

"市府违反慷慨的图书捐赠者安德森上校的本意，设下如此限制，无疑剥夺了无力缴纳两美元年费者的权利。"

卡内基愤懑不平地向《匹兹堡快报》投书。于是，市政当局与卡内基之间，交相投书指责。终于，《匹兹堡快报》刊登了一篇社论，支持卡内基，显而易见，这场争执，卡内基获得了胜利。

后来，卡内基发起并成立"詹姆士·安德森纪念馆"，并对他为民众作出的贡献赞赏有加："献给西宾夕法尼亚免费图书馆捐献者詹姆士·安德森上校。他赐予众多青少年求知的机会。此一纪念馆，勤勉少年安德鲁·卡内基，为感怀其深恩大德而建。"

从米勒将卡内基介绍给上校的那时起，卡内基如获新生，仿佛是地牢的墙上开了一扇窗户，知识的阳光从那里透射进来。卡内基总是把书随身带着，抓住上班时间的一点空闲努力读书，尽管每天工作辛劳，值班时长夜漫漫，但他的心却被书所照亮。每当周末又能借到新书，随后的日子就变得无限光明。

就这样，卡内基渐渐熟悉了麦考利的散文和历史著作。对班克罗夫的《美利坚合众国史》，他读得比其他任何书都要用心。他对兰姆的文章情有独钟。但在那个时候，他的视野还有限，比如对莎士比亚的作品，还知之甚少。

多亏上校的慷慨，卡内基能读到更多的书，提高了他对文学的品位和鉴赏力。

卡内基曾表示，即便是人们敛集了百万资财，他也不愿与之交换。没有了文学，生活将会是不可忍受的。卡内基和他的伙伴们能远离低俗和坏习惯，这位上校功不可没，没什么能与之相比。

后来，卡内基在钻石广场上的大厅和图书馆前，为他的恩人立了一座纪念碑。将它送给阿勒格尼，并题字如下：

　　詹姆士·安德森上校，宾夕法尼亚西部免费图书馆的建立者，他将自己的图书馆向工作的孩子们开放，而在每个周六下午亲自担任图书管理员。他不仅把他的书籍，也把他自己献给了这一高尚的事业。作为受益者之一，建立这座纪念碑的目的是要感激并且纪念安德森上校，他将知识的宝库向我们开放，年轻人将因此得以提升自己的想象力。

卡内基在跑腿之余，常常阅读历史著作。虽然卡内基从早到晚马不停蹄地投递电报，已经疲惫不堪，但仍与大伙互相勉励，隔不几日就往图书馆跑。

大伙见面时，总是彼此推荐所读的认为很有吸引力的书。卡内基读过历史书籍之后，又悄悄地从图书馆借阅有关钢与煤的有关专门书籍。这件事没人知道，神不知、鬼不觉地进行着，也许是卡内基不想过早地暴露他那刚刚具有雏形的远大抱负。

被派往格林斯堡

格林斯堡位于约翰斯敦与匹兹堡之间。距匹兹堡东方大约48千米远的乡下电信局，有位报务员临时请假有事，几天后回来，要求总部派人暂时代理他的职务。总经理问卡内基："愿不愿去格林斯堡工作几天？"

于是，卡内基搭乘邮政马车去了格林斯堡，一路上令人非常愉快。途中，他看见数以万计的工人，在逢山开路、遇水搭桥，进行铁路铺设工程。

卡内基自言自语："这大概是宾夕法尼亚铁路的工程。"

"对，没错，年轻人，而且快完工了。以后费城与匹兹堡间有铁路相连了。"驾驶座上的老人大声说道。

"一完成，您不是也要跟着失业了？"卡内基自言自语道，卡内基不是故意伤害人。

老人一扬长鞭，"啪"的一声，继续向前赶路，像是没有听到卡内基的言语。

格林斯基旅馆是一栋木造的两层建筑，电报公司的分公司就设在旅馆中。

打开事务所的门，卡内基被带到一个身材魁梧的男子跟前。这位临时要请假的报务员，相当傲慢。

卡内基进入电报房，于机前正襟危坐，一听到收报音，就有板有眼地干起活儿来：在电报用纸上，写起电文。而一旁的报务员却是看得目瞪口呆，宛如木鸡。

早上，他常常散步到那里去看工作的进展，他从没梦想过会这么快进入一家大公司，更别提从事现在的工作。这是他在电报公司第一次担任如此重要的职务，所以他更是小心翼翼，一点也不敢擅离职守。

一天晚上，夜已很深了，屋外雷电交加，他坐在办公室里，但不愿切断联系。

他太过冒失，坐得离按键太近，一道闪电把他从凳子上打了下来，这差点毁了他的事业。从此，只要有暴风雨，他坐在办公室里就会格外的小心。

卡内基成功地完成了在格林斯堡的这个小任务，博得了上级的满意，因此这项小任务圆满的完成在其他孩子看来，他是顶着光环回到匹兹堡的。

卡内基在格林斯堡圆满地完成了代理报务员的任务后，得到了上级的赏识，很快就被提拔了。因为，在当时公司需要一个新的操作员，布鲁克斯先生亲自推荐卡内基来担任助理操作员一职。这让卡内基非常高兴。

于是很快卡内基就成了一名操作员，每月拿 25 美元的巨额薪水，在他看来，这确实是一笔不小的财富了。他能从信差升到操作员，要归功于布鲁克斯先生的栽培。

那年卡内基 17 岁，完成了他的学徒经历。他已经是一个真正的男人，不再是一个每天只赚几美分的小孩了。

回到匹兹堡后，他开始思考起新闻电稿的统一问题。

匹兹堡的报纸都有一个习惯，就是要派一个记者到电报公司来抄写新闻。

不久后，所有的报纸共同委派一个人，这个人建议说，接收到的新闻应该被制成多个版本。

一天，卡内基向每天傍晚都要到电报公司抄写的来自纽约、华盛顿电报的 5 家匹兹堡报社记者的其中一员问道："记者先生，5 家报社都发内容相同的电报，不是很浪费吗？"

记者一脸不以为然的表情："不，不完全一样。"

"不过，我所听到的收报音，均是一样的啊！如果要省些电报费，不如拍统一电报稿。"卡内基坚持道。

"你这样说，是想被公司开除吧？"记者半认真半开玩笑。

"记者先生，统一拍发电报稿没关系的。我可以把电报稿复制成5份，分送到5家报社。"

为向卡内基致以谢意，5家报社达成协议，每月付给卡内基1美元钱。这使卡内基每个月的薪水变成了30美元，而且当时的每一美元都很值钱。

家里的积蓄渐渐增加，似乎卡内基将来会成为百万富翁已端倪初现。

结识偶像斯考特

卡内基在电报公司的经历对他后来的事业起到了很大的帮助，尤其是对正值青少年的他来说，在电报公司工作为他积累了大量的知识，他在《自传》中写道：

> 对一个年轻人来说，电报公司的操作室是一个非常棒的学校。在那里，我必须用纸和笔，用作品和创作来做好工作。在那里，我对英国和欧洲的一点点知识帮了我的大忙，毫无疑问，知识永远都是有用的，有时候通过这种方式起作用，而有时候则是其他的不同的方式。

在卡内基16岁的时候，生活以其固有的严峻考验了他。

俄亥俄河堤防决堤，使得河畔一个叫斯托本维尔的城市电报线全部被摧毁。并且与哥伦布、辛辛那提以及路易斯维尔等中西部重要城市的联络干线全部中断！

无论是对卡内基或是他所在的电报公司来说，这无疑是一个沉重的打击。

但无论如何，当他接到"连夜赶往斯托本维尔"的命令时，卡内基早已考虑周全，并且做好前去冒险的准备。由于事先已经预料到人手可能不够，于是他就带领他那群"死党"一同往该市赶去。

当时，由于只能接收到从东部拍来的电报，却无法拍往西部，所以卡内基每隔一个小时就必须请伙伴送电报到下游的惠灵镇：利用顺俄亥俄河而下的莱茵船只来送电报，当然这是一个变通的好办法。因为这样，就可以直接在惠灵镇拍发电报了。

这个年轻的朋友终于在考验中获得了成功，并且因为对该事处理得当，卡内基受到了加薪的奖励。

当月薪超过 30 美元的时候，他快乐地对母亲说："妈妈，现在可以还清丹弗姆林的借款和买房子了。"

不久，因为亲戚的关系，舅舅霍甘就把所购下的房子卖给了卡内基的母亲，并且允许他们分年偿还房款。

这年 11 月，卡内基刚满 17 岁。不久，在匹兹堡的报纸上，刊登了宾夕法尼亚铁路公司大幅报道："匹兹堡与费城之间的铁路终于通车！"

实际上，这条铁路线并没有完全贯通，在相当长一段时间内，列车必须绕过约翰镇的斜坡地带才能通行，真正不换车而直达费城，那还是两年后的事情。

但是，在当时，这已经是历史上的壮举了，卡内基的电报公司也因此欢欣鼓舞。

"听说宾夕法尼亚铁路要在匹兹堡设立西部管理局。到时候，电报的收发量，不知道要增加几十倍呢！""汤姆·斯考特先生将受命为西部管理局局长。"三三两两的人们这样传说着。

果然，第二天早上，斯考特先生——传说中的主角乘着马车前来拜访电报公司了。

他身着黑色大礼服，打着蝴蝶领结，头戴丝绸小礼帽，身材非常高大，整个人看上去相当气派。人靠衣装，当然，往大点方面看的话，那辆马车也可以算作衣装。

此时卡内基的眼睛张得大大的，直愣愣地看着这辆漆黑亮丽的康尼斯拖格马车。因为若用现在的话来说，它简直就是凯迪拉克。年轻的卡内基的惊奇也就在所难免了。

这种马车是德国移民在宾夕法尼亚州兰开斯特的康尼斯多格溪

谷，以手工制造出来的，材料是坚韧的桃木，最初是作为车台之用。

这种马车的驾驶座，从一开始就设在左侧，而欧洲的马车驾驶座则设在右侧，这时，因为还没到上班时间，拿着扫帚的卡内基只好一个人出来接待这位不速之客。

"我是即将接管宾夕法尼亚铁路的汤姆，您呢？"

"我叫安德鲁·卡内基。"

"不用那么客气，以后每天早上我都会来这儿，叫我汤姆就可以了。"斯考特微笑着说。

"是……斯考特先生。"

出于对斯考特先生的尊敬，对面前这位彬彬有礼而又富有传奇色彩的绅士，对他的名字，卡内基却总叫不出口。

这位斯考特先生的奋斗史富有传奇色彩，1823 年出生于阿勒格尼河畔富兰克林，在他 10 岁的时候，父亲突然去世，只留下 11 个嗷嗷待哺的孩子。所以自 10 岁开始，斯考特就非常勤劳，从帮佣到代销商品，无所不做。

17 岁时，靠姐夫的提拔，他当上了州营道路与运河的通行收费员。两年前，他担任了宾夕法尼亚铁路邓肯斯维尔西部终点站的货物监督。终点站的货物监督与匹兹堡的管理局长资格是不同的。

斯考特受到特别的提拔，连级晋升，到如今，这位新管理局长雄心勃勃地来到匹兹堡上任了。斯考特先生英姿勃发，温文尔雅，对人也十分客气："安德鲁，能不能帮我赶快把这 15 封电报拍发出去？"

卡内基答应立即拍发 15 封电报。从拍发的电文可以看出，这是一种指令电报。他对由匹兹堡到阿勒格尼斜坡地带约翰斯敦的各新站作了如下指示：为使匹兹堡开出的客车畅行无阻，由各站干线分出的线路，必须保持时间差距，以避免货车浪费时间等待错车。

"谢谢！安德鲁，我还会再麻烦你的！"

卡内基很快很利索地将 15 封电报全部拍发完后，斯考特先生对他的印象非常不错，再三道谢后离去。

但到了中午的时候，他又拿着相同的电文来到电报公司，请求拍发，并且这一次他特别指明："请安德鲁拍发！"

正当约翰·洛克菲勒与拥有纽约中央铁路的巨子凡德毕尔特签订密约，图谋以运费折扣达成垄断目的时，参与宾夕法尼亚铁路大联合构想的斯考特，于8年后南北战争爆发时，应林肯总统之请，就任陆军的助理次长。

他独力承担北军的输送计划，还圆满修好被南军破坏的铁路。不光这些，他还曾指挥过士兵、武器及粮秣的运输，成为当时显赫一时的人物。

从电报公司跳槽

刚刚上任陆军的助理次长，汤姆·斯考特先生就做了大刀阔斧的改革。首先他把运费做了较大的降低，也正因为如此，他在刚刚得意之时受到了多方的非议和责难。

匹兹堡的很多人对斯考特先生以及宾夕法尼亚铁路董事长艾佳·汤姆森，抱有强烈的仇视和敌意，内心充满了杀之而后快的恨意，一度把他们贬得一文不值。接着就有传言说："斯考特以重金向州政府及联邦政府贿赂，买下铁路独占权，也因此被人称之为'章鱼'！"

"将巴尔的摩至俄亥俄的铁路排挤掉，就是那个叫斯考特的年轻人所策划的！"

卡内基对制造谣言和恶意中伤毫无兴趣，他认为这些人对每天跑好几趟电报公司，卖力做事的汤姆·斯考特先生的严厉指责，是一种不实的言论并且毫无根据。

相反，这位坐在闪闪发亮的康尼斯拖格马车的驾驶座上、挥鞭策马而来的斯考特先生的气质，深深地吸引着年轻的卡内基。

"那家伙是条蟒蛇！将宾夕法尼亚铁路的运费，每 500 米降为 2.5 美元，如此一来，收费道路和运河公司非关门不可了！"

斯考特先生遭到的指责日益强烈，但这位当事人对这些谩骂却充耳不闻，毫不放在心上，每天早上他照常笑嘻嘻地驾车而来，把电报送到电报公司，然后神采奕奕地驱车而去。

一天早上，斯考特先生和往常一样来到电报公司，和前来事务所视察的电报公司董事长欧莱里会谈。他们谈话的内容恰好被卡内基无意中听到。

原来事情是这样的，在乘客数量直线上升时，他们想在阿勒格尼斜坡地带的铁路的山麓下单轨线路终点与匹兹堡的管理公司之间，架设专用的直通电报线，卡内基就是斯考特先生中意的人选。

电报公司极力挽留卡内基，愿把月薪出至 33 美元，但斯考特却愿意给 35 美元。

在给丹弗姆林的堂弟乔治的信中，卡内基不无兴奋地写道：

> 最新消息！我已经辞去电报公司的职务，转往宾夕法尼亚铁路。这是从大西洋延伸到西部的 3 大铁路之一。斯考特先生人非常好。我的月薪 35 美元。
>
> 在铁路管理局的斯考特事务所内，不仅新设的电报收发装置全属于我所有，斯考特先生还授权给我监督公司内的会计。以前学的复式会计派上用场了，前途一片光明！
>
> 斯考特先生在他自己房间隔壁的小屋内，给我弄了一间办公室。晚上也是 18 时下班，他鼓励我在工作之余多读些书，努力充实自己。

1853 年 2 月 1 日，卡内基成为斯考特先生的文书和操作员，每月的薪水是 35 美元。工资从每月的 25 美元升至 35 美元，这是他所知的最大的涨幅了。

公用电报线临时接进了斯考特先生在火车站的办公室。宾夕法尼亚铁路公司可以在不影响电报公司业务的时候使用这条线，直至铁路公司当时正在修建的电报线路完工为止。

一下子，卡内基进入了另外一个世界，他开始和另一群人接触。在《自传》中，他对这期间的心理变化做了详细的记录：

> 现在，我从电报公司的操作室里踏进了一个更开放的世

界，刚开始，我还远远不能适应这一变化。那时，我刚过完第18个生日，我至今没见过任何一个孩子如何可能在只有纯洁和美好的环境中一直成长到18岁。我相信，直至那时，我没有说过一个不雅的词，也很少听见这样的词。我对卑鄙和邪恶一无所知。幸运的是，在我成长的过程中，所接触的都是善良的人们。

而现在，我突然进入了粗人成群的公司，斯考特先生和我临时在商店辟出一角作为办公地点，这里还同时是货运列车长、司闸员以及消防队员的调度指挥部。我们共用一间屋子。这完全不同于我所熟悉的世界。

对此，我并不高兴。在这里，知识之树上的果实中美好和邪恶共生，我第一次不得不将它们都吃下去。不过，甜蜜和纯洁依然氤氲着我的家，粗俗和邪恶不得进入。那是我和我的伙伴们的天地，他们都是有教养的青年，努力提高自己的素养，成为受人尊敬的市民。

对那些不合我天性以及跟我早期所受的教养格格不入的人和事，我是怀着一种厌恶的心情度过这一时期的。和粗人在一起的经历也许对我有好处，因为这使我对抽烟和嚼烟草，对骂人和下流话感到厌恶，而且我还很幸运地一生保有这种厌恶。

很快，卡内基换了新的工作，有了新的工作内容，即将和新的人群打交道了。

得当处理紧急电报

卡内基换了新的工作，可他并没忘记过去那群一起工作、一起奋斗的"死党"。他从那伙被引进电报公司的"死党"中，又将精干的罗伯·比肯和大卫·麦考尔拉到铁路公司来陪他一起奋斗。

比肯被派用到阿勒格尼斜坡地带对面的山麓城市阿尔图那工程总部的工地现场，这里正在进行连接斜坡运输道的主线贯穿工程，为数颇多的苏格兰移民工人与德国移民的技术人员正在工作着。

铁路的现场人多事杂，和电报公司的稳稳当当的太平情况简直有天壤之别，可以和码头的拥挤、矿山的嘈杂共论。那里的工人也个个都是外表彪悍、内心同样彪悍的大块头，常常会因一言不合就大打出手，也有可能动刀动枪。

卡内基外出的工作，就是每到月底把员工的薪水准时送到阿尔图那。

一开始，卡内基觉得乘坐客车往返颇为刺激和有趣，但时间一长，他就觉得这样的工作变得索然无味。于是卡内基不得不请求改乘火车，这成为他每个月底不可或缺的娱乐。

有一次，卡内基请司机教他驾驶火车，并帮助伙夫烧锅炉。同车的人对这个年轻人的举止感到惊讶和有趣。在爬上阿勒格尼斜坡的山腰，登上山顶时，他突然找不到自己的薪水包，于是大声叫道："啊！糟了！我的薪水包掉了！"

一直放在脚边的薪水包竟然丢了，这该怎么办?！一股寒气直冲卡内基的脊背，薪水包丢了麻烦可就大了！一群彪悍的大块头正在等着他呢！

"拜托，拜托，请开车下山去。"卡内基近乎哀求地向司机说道。

司机禁不住他的再三恳求，只好把车倒回，开下山去。一路上，卡内基眼睛睁得比铜铃还大。

终于他在斜坡道路的小溪中发现了薪水包，当时，他太兴奋了，忘我地从行驶中的火车中"噗通"一声飞身跳入河中。

在这次丢失薪水包事件之后，紧接着又发生了一件事情。当时斯考特先生外出还没有回公司。

那时候的铁路还是单线，尽管电报指令发车还不是惯例，但还是经常要用比较快捷的电报。

那时候，只有主管有权对宾夕法尼亚铁路系统的任一路段，或者对其他系统发布指令。因为整个铁路的管理体系尚处幼年，人们没有做过此方面的专门培训，发布电报指令只是危急时刻的权宜之计。

斯考特常常在晚上去故障或者事故发生现场，指挥清理和疏通铁路线路，许多个上午他都无法来到办公室。

这天，卡内基忽然收到这样一封电报：

货车在阿尔图那附近的单轨路线上被堵塞住了。客车从早上开始，已堵了4小时。

事情是这样的：东部地区一场非常严重的交通事故阻止了特快客运列车的西行。而东来的客车正由信号员一段一段地引领着向前开，两个方向的火车便僵持在旁轨上。

卡内基立刻进入斯考特先生的房间，迅速查看货车的配位图，他立刻看出了阻塞的原因。

但是，对列车下达调度命令的电报，除铁路管理局长斯考特以外，其他人不管在何种情况下，都是被严加禁止的。任何人若是违反了禁令，不问任何理由，都会被立即革职。

卡内基犹豫了，又禁不住内心矛盾。他轻叹了一口气，踌躇了几分钟，毅然提起笔来，写成电文，并冒名签上汤姆·斯考特，然后拍发出去。

当汤姆·斯考特先生从外头回到公司后，发现桌上有堵塞报告的电文，立即书写命令电文。他所写的内容，与卡内基已经拍发出的电报一般无二。

"安德鲁，请把这封电报发出去。"卡内基走向电报间，想了想，又往汤姆·斯考特的房间走去。

"我先前已拍发了一份同样内容的电文……"当斯考特先生平静地发问时，卡内基窘迫地答道。

"谁签的名！"斯考特脸色铁青地问道。

"我冒您的名签的。"

当然，卡内基没有把这件事告诉任何人。铁路公司没有一个人知斯考特先生并没有亲自发出指令。

卡内基下定决心，如果以后这种情况再发生，他决不会像那天早晨那样，除非得到授权。卡内基为自己的所作所为感到痛苦，直至当匹兹堡货运部的负责人弗朗西斯科先生告诉他斯考特对他的看法。

就在那天晚上，斯考特找到弗朗西斯科，问道："你猜那个白头发苏格兰小鬼都干了些什么吗？"

"我猜不到。"

"他在丝毫未经授权的情况下，以我的名义把所有的列车都发了出去。如果不是这样，我责任就大了。"

"哦？那么他做对了吗？"弗朗西斯科问道。

"噢，当然没有错。"

卡内基这才安心了。当然这也暗示着他下次还可以这样做，因而他更加大胆了。那天以后，斯考特先生很少亲自发布列车指令了。

从平凡到卓越

一切的财富，一切的成就，最初都只是一个念头而已。

—— 卡内基

第一笔大投资获利

卡内基的父亲染病不幸去世之后，家庭的担子越来越重地压在卡内基的肩上，卡内基也是更加努力地工作。

一天，斯考特先生问卡内基，能不能筹集到 500 美元。他提到 500 美元就像在说 5 美元、10 美元无关痛痒的小钱似的。其实他并没有钱，只不过是不在乎罢了。

卡内基不相信自己的耳朵，自动给他减去一位数字，问他是否说 50 美元，因为事实上，他全部的积蓄不过 50 美元。

斯考特冷静地回答他是 500 美元。

卡内基表示为难，但并没有露出一丝难色。由于支付亡父医药丧葬费，家里的钱已经差不多花光了，并且，他们每年还要付房款费给舅舅。对于卡内基和他困难的家庭来说，负担是十分沉重的。但这栋房子的总价恰好是 500 美元。

"我的一位朋友过世后，他太太将遗产的股份，自愿给友人的女儿。现在这位女子急需用钱，想过让股份，是亚当斯快运公司的 10 股股票，恰好 500 美元。红利一股 1 美元……非常稳定的股票，很快就会涨价。我想你应该买的。"斯考特先生平静地说。

卡内基表示怀疑。斯考特又说："他也是铁路的一员啊，应该知道亚当斯是美国最悠久的快运公司。你来美国之前，它在波士顿、费城、匹兹堡、华盛顿、圣路易及欧洲各地都已经有分公司，如美国快运公司及威廉斯·法戈等运输公司，都以经营铁路运输赚了大钱，另外还经营汇款业务，目前还在经营银行业务。"

终于，在斯考特的极力鼓吹及母亲玛格丽特愿代为筹集之下，卡内基做了生平第一次大投资。玛格丽特听到儿子的计划以后，第二天一早就动身前往俄亥俄州的东利物浦，拜访了经营庞大不动产兼投资副业的胞兄，将住宅做第二顺位抵押，借得 500 美元回来。

同是苏格兰移民的胞兄，是一位成功的企业家，就很爽快地贷出这了笔巨款。但第二天，斯考特先生的从容消失了，沮丧地问道："对不起，人家非 600 美元不卖，还要吗？"

"要。我还是要买下来。先代我付 600 美元。"这回卡内基的精神却来了，或是昨天受了斯考特先生的鼓舞，或是他本身所固有的坚强和自信促使他答应了下来。

半年内，卡内基母子省吃俭用，终于还掉 200 美元债款，剩下的 410 美元本息却再也无力偿还。

不久，一封上面工整地写着"安德鲁·卡内基先生"的信寄到卡内基手中，信封里装有 10 美元红利的支票，卡内基认真记下即将成就他事业的事件和时间。

卡内基毫不犹豫地把它还给斯考特先生作为利息。那一刻，他沉浸在"我也是资本家"的成就感之中，这着实让他高兴了好一阵子。

当朋友们又聚在一起的时候，卡内基坦白地说出了"股票事件"的整个过程，结果被同伴们指责说："你已经是资本家阵营中的一员了！"

尽管丹弗姆林的民权运动已经完全平息下来，但阿勒格尼的伙伴们，仍然以民权运动者自居，自然他们要仇视资本家和所有的有钱人。

民权运动是在卡内基渡美 10 年前，也就是 1838 年左右，发生在英格兰的激进社会主义运动。该运动属于无产阶级运动，主张实行大选举，并且要求废除议员候选人的财产限制。

在这场充满民权气息的晚会中，卡内基向朋友们宣布了他的观点："这里有下金蛋的鹅！"

听了这话大家莫名其妙，一时摸不着头脑。

卡内基接着解释道："既然千里迢迢来到阿勒格尼这个地方，不如在这机会均等的开放社会中，一心一意地寻找金蛋。"

每个星期天，依照惯例是卡内基和朋友们在森林里聚会的日子。他们在附近找了一片小树林，这是他们最喜欢去的地方。

那第一张支票卡内基一直藏在身上，当大家都坐在树下的时候，卡内基便把它拿出来给大家看。

他的伙伴们反应十分强烈，大家都没想到还有这样的投资。于是大家决定攒钱，关注下一个可以投资的机会，每个人都有份。然后在几年后，大家再把微不足道的投资收益分掉，像合伙人一样在一起赚钱。

直至这时候，卡内基的人际圈子还不是很大。弗朗西斯科太太，是卡内基他们货运代理的妻子。她非常友善，并且好几次叫卡内基去她在匹兹堡的房子做客。她常常谈起卡内基来送斯考特先生的一份信件，第一次敲响在第三街道上的房子的铃铛时的情形。

她让卡内基进来，而卡内基却害羞地低下了头，她需要开玩笑，这样卡内基才不感到羞涩。

这几年来，卡内基从来没有去她家吃过一次饭。直至卡内基的晚年，他对到别人家去做客一直都很胆怯，但是斯考特先生坚持要他陪同到他所在的旅馆一起吃顿饭，这对卡内基来说也是个很好的机会。

除了在阿尔图那的罗姆贝特先生的房子外，弗朗西斯科先生家是最大的。

在卡内基的记忆里，他从来没有去过罗姆贝特先生的房子。那条首要街道上的房子在他的眼里都非常时髦、漂亮，这仿佛是一个宫殿的入口。

显而易见，卡内基越来越变得实际和成熟了。

感情至深的顶头上司

这时，有一位与卡内基年纪相差23岁的苏格兰人，已经靠白手起家成了财阀。他就是生于爱尔兰的苏格兰农夫之子托马斯·麦隆，他在5岁时，随父前往阿勒格尼西侧一个贫穷的村落居住。

他违背父志，弃农从文，开始非常用功地读书。在匹兹堡大学毕业，并开设了律师事务所。

他是一位身材瘦高的青年，因为经常帮助父亲下田劳动，皮肤被阳光晒得黑黑的。前途无量的麦隆，对未来充满信心。受到大学一位教授的影响，他立志当一名法官。

麦隆的不幸是他父亲于卡内基父亲亡故的第二年过世，当时麦隆已经43岁，长卡内基23岁。

大学毕业的麦隆，在20岁时就已结婚，儿女成行，一共8人。相反，卡内基却是晚婚，只有一个女儿。

美国八大财阀排行榜中，麦隆的3个儿子都榜上有名。把这三兄弟的财产加在一起，麦隆财阀当然独占鳌头。而麦隆财阀的创始者托马斯，在律师事务所内，亲自办理诉讼，并跻身于丧失抵押品赎回权的不动资产，他已经跨入致富的门槛。

在卡内基家迁居阿勒格尼的3年以前，匹兹堡发生了大火灾，房屋成为一片灰烬。托马斯·麦隆率先投入资本，兴建18户小房屋。这使他获得18%的利润，也成了麦隆进行投资的先导。

麦隆在他父亲死后3年，经共和国提名，竞选郡审判官。他一当选，杜雷克上校便在其裁判管辖区内的提特斯维尔钻到了石油，幸运从此降临。

他的同事回忆："麦隆是旧式学校的保守绅士，法律知识渊博。一般人在犯罪方面，特别是杀人罪，经常会因心理上差别及阶级上的偏见，很难判断是有罪或是无罪，但麦隆绝不会有这样的困扰。"

麦隆也在他的回忆中说道："对法官而言，将罪犯判成死罪，是非常痛心的事，但想到要保障社会大众的安全，也就不会感到遗憾了。"

南北战争终于爆发了。

麦隆次子来信提到想投效北军。父亲提起当年伯父为逃避对爱尔兰战争的征召，男扮女装逃亡的事，用以教导其次子的不正当思想。

父亲对他说，"战争也有合理化的情形，但在现代文明中，是绝无仅有的。军队乃是一些不用大脑的男子尽义务的地方。假如大家都从军，国家会变成什么样？聪明的人应尽社会的义务；另一方面，要提高自己的信用。重要的男人会留在社会中。"

托马斯也充分利用自己身为法官的便利，每逢有人宣告破产，就抢先买下他人被查封拍卖的财产。在审判长席上，麦隆法官的每个细胞，每条神经，都在听着人们的纠纷。他一边冷眼旁观在淘金热潮中失去优势而失败的人的落魄情形，也一边紧张得直打冷战。

麦隆财阀以麦隆信托银行为顶点，形成金字塔形的财阀网。从这里看，麦隆财阀的形成史正与日本三井与三菱的财阀形成史一样，坚固无比。

麦隆银行控制着匹兹堡所有银行存款的52%，到匹兹堡旅行的游客，走过商业区的第二区，就可以看到它的分行。在麦隆银行的影响下，从得克萨斯的海湾石油、美国制铝业，乃至泛美航空业……麦隆帝国的城堡日渐扩大。

继麦隆任银行总经理的四子安德鲁·麦隆相继担任了哈丁、库利奇及胡佛3位共和党总统的财政部长及其他重要职务。

安德鲁·麦隆在就任财政部长前，纳入麦隆家族所属企业的股份红利就有690万美元，8年后的大恐慌时达2470万美元，膨胀了近4倍。麦隆家族的财产总额，在哈丁就任总统时，有4.28亿美元；胡佛就任总统时，达95.2亿美元，甚至拥有宾夕法尼亚铁路及倍斯列赫姆制铁公司。

安德鲁·卡内基转入铁路公司时，年仅20岁，月薪也只有35美元，但凭着超人的胆识和眼光，他不仅借了600美元巨款，还把住宅作为抵押，买下了亚当斯快运公司的股票。

他心里盘算着寻找"下金蛋的鹅"，话虽这样说，但仔细思量，这仍是一种风险极大的赌博。要知道卡内基在投资的时候，还是一文不名的穷鬼。

支持儿子做这种颇具风险的赌博，而不惜远赴俄亥俄州借债当"赌资"的玛格丽特，她的刚毅性格着实惊人。

那年秋天，斯考特先生高升，做了阿尔图那事业总部部长。随着斜坡地带迂回道路工程的进展，阿尔图那的调车场以及修理场扩大了。事业总部从而变为实际的营业中心，所以对汤姆·斯考特先生而言，成为总部的部长，就意味着进入直属董事长的中枢部门内，地位大为高升。他决定带卡内基去做总部秘书，月薪加至55美元。

卡内基当时真想跳起来并一把抱住斯考特，但他抑制住了这种感情，故作镇静，深深地给斯考特先生鞠了一躬。

月薪一下增加了20美元的卡内基宣布说："母亲不用再做副业了。"

卡内基只身前往阿尔图那，住在调车场附近的一家旅馆。而刚刚丧妻的斯考特先生，将俩儿女托付给侄女和女佣，留下在阿勒格尼的家，只身赴任，并且与卡内基同住一家旅馆，从此以后，两人的友谊更加深厚了。

找到一个大金蛋

在 1856 年的一天，斯考特先生被提升为宾夕法尼亚铁路公司的总经理，取代了罗姆贝特先生的职位，因此，卡内基也随之得到了他的提拔。

于是，卡内基在他 23 岁那年，便随着斯考特先生一起去了阿尔图那。因此，卡内基不得不离开他的家人和朋友，这件事令人非常的伤心，对卡内基来说也是一个重大的考验。

然而卡内基是个极有事业心的人，没有什么东西可以阻碍他事业的发展。母亲对这一点很满意，因为她也具有这种天性，卡内基越是这样她就越高兴。

除此之外，卡内基之所以愿意跟随斯考特，是因为他觉得斯考特先生是他的一个真正的朋友。

斯考特先生的升迁自然而然地也招来了一些人的忌妒，因此，在他上任开始不久后，就发生了一件事，他便面临着一起罢工的事件需要他来处理。

不久前，考斯特先生在匹兹堡失去了他的妻子，现在的他孤身一人。在阿尔图那，斯考特先生在他的新的指挥部里，除了卡内基之外，没有任何人可以与他做伴了。

在斯考特先生把他的孩子们从匹兹堡接来以前，卡内基和他一起在铁路宾馆已经住了好几个礼拜，当斯考特把家里的人安顿下来之后，依照他的意愿，他和卡内基依旧一起共享那间大卧室，斯考特似乎总是希望卡内基在他的身旁陪着他。

卡内基在阿尔图那最早从事的工作，主要是对劳工的罢工采取对策。因为受法国二月革命以及英国民权运动的影响，美国一些铁路公司的工人，也在酝酿罢工，就时代潮流而言，这是极其自然的。但却给卡内基带来了一定的麻烦。

在一个晚上，卡内基在下了班以后，在返回旅馆的途中，他突然发觉有人在跟踪他，于是，他回过头来一看，是一个戴着鸭舌帽、工人模样的男子。这个人是由卡内基推荐才得以进调车修理工场当工人的。

卡内基的紧张消失了，他相信这个工人。他告诉卡内基自己的名字叫作乔。

此时的卡内基正在致力于罢工的离间工作，他想，利用这突如其来的一把刀，来斩草除根正是时候，卡内基边想着，边随着乔来到了露天煤场的暗处。于是，乔向他交出了罢工主谋者与参加者的名单。

卡内基立即将主谋者的名单交给斯考特先生。

第二天早晨，斯考特集合了所有黑名单上的主谋者。

"好，现在统统到会计科那里领钱。以后不必来上班了。"斯考特先生严厉地宣布。

这次罢工就这样被预先制止了。卡内基望着斯考特先生毅然决然的表情和哭丧着脸、排列在会计科门前的主谋者的模样，突然记起了在丹弗姆林时的父辈们。那些当年参加民权运动的纺织工人的脸孔，此时历历在目。

在旅馆的房间内，摆着一封堂弟乔治从丹弗姆林来的信。

信上这样写道：

克里米亚战争因耶路撒冷的管辖权，导致了俄国与土耳其两国的开战。

翌年英国与法国支持土耳其，对克里米亚半岛出兵，围攻塞瓦斯托波尔结束，俄帝放弃比萨拉比亚，而美国却显得很卑怯，英法两国为阻止沙俄南侵，遂帮助土耳其，但美国为什么不参战呢？

美国与尼古拉一世一样，光说大话，不帮助垂危的病人。美国的自由、民主主义与帝国主义并无二致，不都是资本主义吗？

卡内基躺在床上想，这就是资本主义！

卡内基前往俄州的克雷斯特林镇旅行，顺便去看望了在当地火车站工作、绰号叫"红脸"的汤姆·米勒。当他到达的时候，汤姆接到了讣电：约翰·菲浦斯死了。

约翰曾经和卡内基一同上过晚上的复式会计，约翰的父亲提供场所，又给予卡内基的母亲玛格丽特缝鞋的副业。所以卡内基对他的印象颇深，并怀有深深的感激。约翰是在阿勒格尼的家附近坠马而死的。

卡内基大为震惊，一时说不上话来，但约翰的噩耗是千真万确的。

这封电报是由约翰的弟弟亨利·斐浦斯打来的。亨利是匹兹堡杜邦火药制造公司的代理商，他此时正准备与汤姆·米勒合伙经营一个车轴工厂。

"必须赶快回去才来得及参加葬礼。"

卡内基急急忙忙地赶了回去，在到达克雷斯特林火车站的月台的时候，有一个男子走向卡内基说道："您是卡内基先生吗？我叫伍德拉夫。"

他向卡内基推销发明的产品。他从小袋中取出一辆模型车。他预言，以后铁路将迈入长途时代。不久铁路就将延伸到俄勒冈及加州。可供旅客夜间旅行之用的卧铺车，非常方便。

"这辆模型车造得相当精密，车内两侧各有一组面对的两个木制座位。当时的客车，两侧仅有前向而并没有后向的木制座位。这种面对面的构思，是很奇特的。"

然而，"到了晚上以后，我们可以将这种面对面座位铺上装有弹簧的垫子当作床铺。车窗上还藏有一个床铺。床是用锁吊撑着的。到了白天我们就可以将底垫及毯子藏到里面去。"伍德拉夫详细地解说着自己的这项发明。

卡内基直觉地认为这行得通。虽然不是什么特别的发明，但对于女乘客来说很方便。女性在长途旅行中，在木制座椅上宽衣而眠是很不方便的。

几天以后，斯考特先生就派人拍电报请伍德拉夫到阿尔图那事业总部办公室。斯考特一看到卧铺车的模型，就被这种巧思所吸引，立即成交。

走出了考斯特先生办公室的伍德拉夫，向卡内基耳语道："卡内基先生，您有没有意思跟我合伙做这笔生意？"他告诉卡内基，他打算开一家卧铺车厢制造公司，要卡内基出 1/8 的资金。这分明是贿赂的交易。

卡内基却是真心地想投资，何况又是可以赚钱的行业。于是他更详细地询问投资额以做参考。他心里有股冲动，可能的话，就试试看。

"要您马上拿出 1/8 的资金，或许有困难，第一次只要您付 217.5 美元，第二年，再按同额的比例付款。也就是说，随着订货的扩大，再增加投资金额……"这是很令人心动的话，卡内基迅速地盘算着，答应两三天内给回答。

身为铁路事业的总部长秘书，取得承包商的股票，从而增加卧车的订货，按现在来说，是渎职的行为。虽然卡内基心里不像托马斯父子那样，想发一批南北战争财，但他确实想试试看。

他走访匹兹堡的银行，申贷第一次必须缴纳的 200 美元钱，虽是无担保的申贷，但在教会里所认识的银行家洛伊德说："那倒是值得投资的事业，我愿意借钱给你，将来要是赚了大钱，要存入我的银行啊！"

卡内基慨然应允。

不只是宾夕法尼亚铁路签下卧铺车订单，其他公司的订单也源源不断。因此，卡内基200余美元的投资，一年之间，红利不下5000美元，这项投资变成了大"金蛋"。

参与南北战争铁路保障

随之而来的是南北战争的爆发。

在林肯于 1861 年 3 月 4 日就任总统后，南北间因奴隶问题与关税障碍的对立，情势更趋恶化。

南北战争的导火线是：南方联盟要求驻扎在南卡罗莱纳州查尔斯顿湾塞姆特要塞中的联邦海军撤退。这场战争持续了 4 年，直至 1865 年才结束。开战之初，林肯总统还自信能在 3 个月内结束。

因此，联邦政府的北军虽然发表了开战宣言，但却仅征召服役 3 个月的义勇军，而任命温菲尔德·斯考特中将为联邦军队总司令。温菲尔德·斯考特是第二次对英战争及美墨战争的英雄，两鬓飞霜，75 岁高龄，步履蹒跚，而且身患重病，即使乘坐马车，也得靠人扶持。

总统及温菲尔德·斯考特将军在主战论者的舆论压力下，不得不将各州州长刚送到的 23000 名连如何发射炮弹都不知道的民兵，交给麦克道尔将军，命他率兵进攻里士满。

弗吉尼亚州的里士满是南方联盟的首都，是南方联盟总统戴维斯的驻地。戴维斯出身密西西比州，原为军人，后任 6 年任期的参议员，再出任临时政府总统。里士满在华盛顿南方 160 千米处。南军此时在波托马克河的支流普尔兰的堤防上挖掘战壕，建筑坚强的防卫阵线。

开战之初，北部 18 个自由州的总人口是 1872 万人，而南部 15 个奴隶州中，白人为 751 万人，奴隶有 400 万人。以人口数言，北部占优势。但南方是让奴隶耕作，白人参战。

因此，南方将士的战斗意志高昂，并且训练有素。北方部队是由各州州长征召，由于只是3个月的短期应召，应召者只需拿着自己的武器就可以前来。而各州州长也随意任命这些应召的市民为上校或上尉，因而北军有"世界上最不可思议的部队"之称。

麦克道尔将军采取了大胆的战略，他选择了精锐的波里格德为攻击目标，认为将他打败后，就可以直接攻击里士满。而当时南军的约翰斯顿将军正在利用铁路，进行部队的整顿。

7月16日，普尔兰战役开始，当天天气晴朗，进攻方面的北军骑兵队扬起了满天尘沙，在尘土飞扬之中，南北两军进入第一个回合的大决战。

当南军的波里格德部队攻击塞姆特要塞的那一天，匹兹堡报纸在头条新闻报道。

卡内基后来回忆说：

> 第二天早晨，匹兹堡的市中心，狂奔的马车横冲直撞，像打翻了蜂巢。一向反对动用武力的民主党员也亢奋起来，高声喊着："我愿当上尉出征……"
> 骡马奔驰在阿勒格尼大桥上，把武器和粮食运到河港。训练民兵用的帐篷到处林立。

塞姆特要塞沦陷10天后，卡内基应汤姆·斯考特之命，乘火车来到费城总公司。

汤姆·斯考特一反常态，表情僵硬地说："我应陆军部长凯麦隆之邀，前往华盛顿。他要我开通遭敌人破坏的哈里斯堡到巴尔的摩间的铁路。"

开通铁路，以便运输武器弹药和粮食援兵。情况紧急，片刻不容耽搁。铁路的营运关系着战争的胜负。不只是前线战争，后方的补给也相当重要。卡内基思虑成熟。

林肯总统是律师出身，在年轻时代，曾参加讨伐印第安酋长黑鹰的战役，立下汗马功劳。对战争有过亲身经历的林肯，当然不会将所有的战略都委托给步行困难、75 岁的老将军温菲尔德·斯考特陆军总司令。

第一场战争是在舆论的要求下，直接攻击里士满，但这正如卡内基所说的，他也重视后方的作战。

林肯总统的战略部署是，首先，重点确保宾夕法尼亚州阿勒格尼山脉东侧的大陆两面的输送路线，死守新英格兰各州与华盛顿的联络路线。其次，以俄亥俄河、密苏里河及密西西比河三线，隔断南北的界限。南方虽然人较多，但可阻止留在联邦政府这一边的密苏里、肯塔基两州脱难。最后，倾联邦海军的所有力量，对南方联盟诸港进行海上封锁，封闭他们的财源——棉花的输出，并封锁英法对南方的武器输入。

南方同盟的戴维斯总统只相信杰斐逊时代以来的古老的教训，犯下很大的错误。他以为不用急着卖掉南方的棉花。相反，若采取囤积政策的话，英法等欧洲各国一定会出面调停。或者，他们会使用武力，突破北军的海上封锁战略，以确保棉花输出。

其实，就在上一年，由于南部的棉花生产过剩，英、法两国仓库内的棉花爆满，戴维斯没有预料到这一点。这一战略的失算是使南方功败垂成的最大因素之一。

但在战争初期，林肯总统的 3 个月"速战速决"也是失策的。

汤姆·斯考特到达华盛顿后，粗略地检查了铁路线。他发现，正如陆军部长凯麦隆所说的危机，宾夕法尼亚州的哈里斯堡路线已无法确保运输安全。较远的波士顿方面，也有南部出身的人起来捣乱铁路秩序。

叛乱风潮波及纽约，为阻止马萨诸塞州及纽约州的义勇兵部队南下攻击里士满，叛乱一方的策略是，以铁路为目标进行破坏，而这些铁路破坏的计划大都获得成功。

汤姆·斯考特认为，华盛顿已快被完全孤立了。

卡内基接到电报后，急忙赶往华盛顿。

林肯总统询问波士顿的第七义勇兵团为什么还没到。汤姆·斯考特解释因为安纳波利斯被切断了。安纳波利斯位于切萨皮克湾的左岸，刚好在华盛顿的东侧，是世界闻名的美国海军军校的所在地。安纳波利斯内有联结北部各州与华盛顿的主要干线，也是巴尔的摩、俄亥俄州铁路的交叉点。

卡内基当年前往阿图尔那调车场送薪水时，因讨厌客车，而经常乘坐火车。当时的经验，却在这个时候派上了用场，真是始料未及的。卡内基自己也扛着镐和锹，率领货车上的一个工兵中队，前往安纳波利斯。

夜以继日，整整花费了 5 天的时间，才把破坏的地方修理完毕。

汤姆·斯考特助理次长的命令，在此时常常就是总统的命令。汤姆·斯考特具有异于常人的才能是毋庸置疑的。

南北战争结束后，汤姆·斯考特就任董事长，使宾夕法尼亚铁路的从业员工增加到 30000 人，资金达 4 亿美元，成为"世界最大的铁路公司"。汤姆·斯考特就任后，立刻和前董事长汤姆森合伙，垄断匹兹堡以西的铁路。

卡内基检视了被南军所毁坏的波托马克大桥的现场，然后成功地征集了所有的渡船，将他们并列，以取代被烧毁的桥梁，进行桥墩修补作业。工程完毕时，他忽然想到：今后必须用铁桥，木桥不行了。

7 月 21 日，南军的波里格德部队，模仿拿破仑当年大破俄国和奥地利联军时的奥斯特里茨作战，先大举攻击北军的侧面，北军予以击退后，整个戒备就为之松懈了，这时波里格德的军队再度悄悄渡过普尔兰从而突击北军的左侧面。

当天傍晚，亚历山大红砖建筑物中的电报房内，摩斯电报机正如疯狂一般，传来了普尔兰大败的消息，麦克道尔将军的部队开始全面败退！

卡内基疯狂地不断吼叫，命令华盛顿车库内火车全部动员，开向普尔兰，运回撤退的士兵，不留一兵一卒！

在倾盆大雨中，卡内基前往铁路通行的布克站察看。他在暴雨中目击了毕生难忘的战争悲惨情景。这当中，有和他弟弟年龄相仿的年轻志愿兵，也有负伤的老兵。他们躺在担架上，军服被血染得通红，发出如野兽一般的痛苦的呻吟和哭泣。

卡内基想道："铁路的运输体制若不彻底地整顿，北军就没有丝毫获胜的希望了！"

铁路为他带来了大笔利润

卡内基虽然加入了共和党，投票给林肯，但却不是主战论者。

正如林肯总统在就职典礼上所发表的演说一般，允许南部各州分离，但绝对不能分裂美国联邦。

卡内基一直持有这种坚定的信念，而成为消极的主战论者。但是，仅在第一次战役时，这种想法就破碎了。普尔兰大败的重击，使他致力于整顿北方的战略。

林肯总统及陆军助理次长汤姆·斯考特也同样有这种想法。

普尔兰战争战败的第二天，林肯总统任命 34 岁的麦克里朗少将为波托马克军司令官，以重整军队阵容。麦克里朗受到各方期盼，被称为"北军的拿破仑"，采取"先安内再攘外"的战略，他先大力整顿部队，在没有达到标准之前，不轻易用兵。

卡内基对这位司令官颇有好感。他认为麦克里朗不该被称作拿破仑，而该被称作普鲁士的腓特烈大帝。在这次整备阵容的计划中，铁路的确保是重点所在，卡内基因此铆足了劲。

不过，总司令依然是由接近恍惚状态的老骥温菲尔德·斯考特中将担任，只要他当总司令，他的幕僚人员办事总是拖泥带水，到了令人忍无可忍的地步。

卡内基怎么铆足劲，对于运送兵员的火车头、客车及货车的部署调配等事宜，全无法如愿以偿。执行作战任务的命令文件，需要瞬间裁决，但请幕僚人员在文书上署名时，却往往要拖上七八天。

不光是这样，从开战以来，在凯麦隆的周围，就不断传出订购战争物资的重重黑幕。林肯政府的阁员与陆军幕僚格格不入。

汤姆·斯考特暴跳如雷，叫卡内基不用听命于参谋总部。

麦克里朗少将，在进行整顿阵容以备作战时，不仅遭到参谋部，还遭到各地北军的顽强抵抗，问题不断发生。

麦克里朗无视温菲尔德·斯考特中将的存在，在北军部队中，提拔西点军校出身的年轻军官为将官，对陆续征召的业余士兵实施了严格的训练制度，导致了新旧两代军人间的摩擦。

麦克里朗少将接到一封电报称：

在未加入南方联盟的密苏里州内，南军正在征召10万名白人。

他立刻特别提升驻在密苏里州的里旺上尉，连跳4级，晋升为准将，令他夹袭在州境内集结的南军部队。

里旺准将战死！北军败退！

接到这封电报时是在里旺准将采取作战行动的当天黄昏。这是继普尔兰战败后的又一次失利。

林肯总统的头发和胡子比想象中更黑，但干燥得如硬麻一般。他的脸晒得黝黑，声音像青年人一般洪亮有力。这位不带丝毫贵族气息的总统，在同国务卿接洽或跟电报童说话时，态度并没有两样，卡内基如此想着。

卡内基对林肯最初的印象是正确的。

以后一个星期内，总统几次来到电报房。不论和谁说话，都心平气和，从没有因人而改变态度。这就是林肯总统。

里旺准将为国捐躯后，密苏里发生了大的变动。

里旺准将战死后，约翰·弗莱蒙特因而成为驻圣路易的西部前线的总司令。他3次进入俄勒冈州的特雷尔，深入西部蛮荒地区探险，一举成名后，即竞选共和党总统提名。其后，未经总统的许可，就以西部军总司令官的名义，对密苏里州颁布了戒严令，没收全州人民的财产。

弗莱蒙特认为，由于密苏里州南部的白人倾向南方，有可能协助南军，因此，将他们的武器弹药全部没收，使奴隶自由化，因而颁布戒严令。林肯对此举措手不及，惊恐万分。

当时，林肯总统并无意在战争中解放黑奴。密苏里州肯塔基州有很多南方出身的白人，一直生怕他们脱离北军，但正在这关键的时刻，弗莱蒙特竟然专断独行，给白人以重大刺激，可说是目中无人。

"撤回戒严令，中止没收财产与解放奴隶的措施！总统。"

接到这封命令电报后，弗莱蒙特立刻派遣他的太太前往华盛顿。弗莱蒙特夫人是"显然的天命"西进信奉者，她曾经和弗莱蒙特谋取墨西哥属地加利福尼亚，她是参议员贝逊的女儿。

弗莱蒙特在华盛顿政界也有发言权，但林肯总统仍坚持将他解职，贬为西弗吉尼亚的山区义勇部队司令。之后，弗莱蒙特少将在此处不断惹是生非。在陆续拍发并处理总统的电报中，卡内基获知林肯正在秘密进行联邦海军的加强计划。

每天晚上，汤姆·斯考特、卡内基两人都在谈论作战，认为不论是铁路的加强计划，或是军舰计划，美国的工业能力都薄弱得仅能应付而已。

同年12月，温菲尔德·斯考特中将被解除总司令的职务。不久，卡内基因为身体原因，坚决辞去了陆军部的工作。

匹兹堡因南北战争大为繁荣，城中洋溢着如熔矿炉所散发出来的热气。陆军部的订单如雪片飞来，使得车轴工厂及枪支制造厂应接不暇。宾夕法尼亚铁路的货物运输已呈饱和状态，汤姆森董事长竭诚欢迎卡内基返回公司。

卡内基那群"死党"聚在一起，举行了欢迎会。

汤姆·米勒和一位叫克鲁曼的德国移民合伙开设车轴工厂。约翰·斐浦斯的弟弟亨利，是杜邦火药公司的代理商，也加入了这家车轴工厂。

卡内基向汤姆森董事长请求复职，同时提出一个大方案。将匹兹堡与阿图尔那之间的单线改成复线。

紧接着，他以书面形式，向宾夕法尼亚铁路提出了加强劳动的方案，开始表现出卡内基经营事业的手腕。

在普尔兰战争后第一年的夏天，卡内基的母亲玛格丽特准备在远离家乡14年后，重新回到故乡丹弗姆林。随从是安德鲁·卡内基和他的好友汤姆·米勒。

在这个时候，卡内基的其他收入十分丰厚可观，他在伍德拉夫的卧铺车制造公司的红利一年高达5000美元。在斯考特的游说下购买的亚当斯快运公司的红利，一年不下1200美元。

这些收入早已远远超出了卡内基在宾夕法尼亚铁路的薪水。

汤姆刚成为匹兹堡—宛堡—芝加哥铁路的材料采购契约代理商，这条铁路由于战争的关系，急需发展，这为他带来了大笔利润。

在南北战争爆发以前，他辞去了铁路旧工作后，在车轴工厂工作时认识了德籍技师克鲁曼兄弟，汤姆和克鲁曼在以后的合作也为他带来了不坏的收入。

南北战争爆发前，匹兹堡的铁工厂如同雨后春笋般到处可见。但钢铁、铁路及造船等工业的发展还只在起步阶段。

本来，费城—里丁铁路使用的燃料是宾夕法尼亚产煤区出产的无烟煤。但后来又在1844年将火车头的燃料改成木柴，主要由于无烟煤火力太强，而对于当时的美国人来说，控制这种火力强大的无烟煤是一件困难的事情。

只有卡内基所服务的宾夕法尼亚铁路例外，1851年卡内基把火车头的燃料由木柴改为英式沥青煤。宾夕法尼亚铁路从此才开始注意到无烟煤对锅炉的启动热度较高。

在革命前，移居到阿勒格尼山麓的农夫把含铁的矿石掘出后用烧柴的锅来熔炼，这是一种原始的方法。在革命后，哈里斯堡附近建造高达 20 米的炉子，以煤做燃料进行铁的精炼，但精炼完成的铁含有大量的碳和其他诸如磷和矽等杂质，比较脆弱。

不久，英国和德国的移民引入了新的技术，把精炼完成的铁，再流入由黏土、铸模土及矿石所凝成的锅中，变成铣铁，铣铁中碳、磷和矽的含量越少，铁就越富有弹性。宾夕法尼亚铁矿中含有的硫，也应用这种方法处理。

费城的钢铁业者除了在国内销售宾夕法尼亚地区的铁制品，也曾引入价格便宜、品质较佳的欧洲和瑞典的制品，但是因为南北战争的爆发，这种情况已发生了改变。由于铁路的发展十分快捷，锻铁和压延铁的出现，市场需求日益高涨。

巴尔德文和诺利斯进行的火车头研究成功，在费城制造的铁路用机件，至南北战争之前为止，占了全美生产的 3/4，而火车头的制造量高达 600 台。这大部分都是由宾夕法尼亚铁路定制的，继火车头制造之后，铣铁和火车车身也被随着制造，米勒所经营的车轴制造是其中不可缺少的一环。

刚从德国北部移民来美的克鲁曼是制铁专家，在钢铁制造的技术上有过人之处，达到了很高的水平。他在铸造铣铁车轴时，想出了扭转铣铁纤维的办法，使造出来的铣铁具有弹性，而用这种铣铁铸出的车轴十分强韧，经久耐用，在南北战争造成的大量需求下，订单源源不绝。

汤姆·米勒是匹兹堡—宛堡—芝加哥铁路的材料采购契约代理商，由于这段铁路还需要建造，他便去找克鲁曼下订单购买车轴。在交往中，他看到这位制铁专家对买卖完全外行，便想与他合作。当他提出这个建议以后，却发现克鲁曼虽不会做生意，但却斤斤计较。

"假如要设立正式的铁路用车轴工厂，"克鲁曼的口音带有浓厚的德国味，他说，"你要出 1600 美元。"

"你们兄弟和我 3 人平分股份？"

汤姆·米勒感到德国人不好对付。于是找到约翰·斐浦斯之弟亨利·菲斐浦斯合伙，想以 2∶2 股份开设工厂，但是杜邦火药代理商亨利没有资金，他的父亲又不肯借给他钱。

"是的，你所代理的铁路公司若不断订货就会赚钱的。"

"真的没办法吗？那我先借你好了。"米勒把资金借给了亨利，但两人也由此种下了反目成仇的祸根。

后来米勒退出，卡内基负责这家克鲁曼公司取得了成功。

南北战争的总费用达到 30 亿美元。相当大的部分流入了北军辖区匹兹堡钢铁业者手中。车轴的价格从每磅两分涨到 1.2 角，是战争前的 6 倍，而车轴又是火车头、客车和货车不可缺少的零件。

克鲁曼车轴公司在匹兹堡设立了新的工厂，更名为"都市钢铁制造公司"。

荣归苏格兰故乡

当卡内基在 1861 年被叫往华盛顿的时候，当地人们都以为战争会很快结束，但此后不久，大家都意识到这将是一场持久的战争。因此，相关部门需要长期的官员来负责。

宾夕法尼亚铁路公司少不了斯考特先生，而斯考特认为卡内基应该回到匹兹堡，那儿需要他。

最后根据政府对宾夕法尼亚铁路的要求，斯考特和卡内基把在华盛顿的工作交给了别人，回到了各自的工作岗位上。

从华盛顿回来之后，卡内基第一次得了重病，他被彻底击垮了，在坚持着工作了一段时间之后，他不得不请假休息。

一天下午，在弗吉尼亚的一条铁路线上，卡内基似乎是中暑了，这给他带来了很多麻烦。尽管他挺了过来，但是从此之后，他忍受不了太高的温度，必须注意防晒，炎热的天气会使他彻底萎靡。

宾夕法尼亚铁路公司准许卡内基休假，他终于迎来等待已久的重返苏格兰的机会。

1862 年，在卡内基 27 岁的时候，他和母亲，还有他的知己好友汤姆·米勒乘坐"埃特纳号"轮船出发，在利物浦登陆。

3 个人在利物浦下船时，喜欢独自流浪的汤姆·米勒由于想到处玩玩，便不再跟他们同乘列车北上苏格兰，就此分手。

然后卡内基和她的母亲立即前往丹弗姆林。这次故乡之行使卡内基感触良多，他感觉像是在梦中，越是接近苏格兰，这种感觉越强烈。母亲同样非常激动，当她第一眼看到那熟悉的灌木时，她情不自禁地喊了起来。

她百感交集，再也控制不住自己的泪水，而且卡内基越是安慰她，她越是无法自持。

对卡内基来说，这次回到苏格兰感觉就像是来到了圣地。

当卡内基和他的母亲乘列车进入故乡的土地时，望着熟悉的景色，两人热切地盼望早些见到亲人。

当他们到达海岸边的丹弗姆林车站时，受到了热烈的欢迎。亲戚们全都来迎接他们，城市音乐队的孩子们奏起了苏格兰民谣。教会的钟也撞响了。

"乔治！"

卡内基大声叫道，他认出了他的堂弟。乔治比他小4岁，这时22岁，长得英俊挺拔，是一位工程师。叔父拉文达已经满头白发，但精神仍十分饱满。

"安德鲁，我也存了些钱，就寄在你那里，帮我买战时公债。"拉文达说。

"叔叔，要买联邦的公债吗？"卡内基有点迟疑地说，"这是危险的投资啊！"

"是吗？这里的市民全都支持南方联盟，大部分都买南方的债券，但我赞成你所说的，林肯的主张，美国的联邦绝对不能分裂成两个。英国竟然为南方建造军舰，真是荒谬。"

当晚在叔父家过夜，聚集在一起，亲戚们的话题全部集中在美国南北战争，除了叔父以外，全都支持南方，就连乔治也是如此。

卡内基和堂弟漫步在旧日熟悉的景物前，看着那离乡前居住的石房子，年少时每天早晨打水的古井，现在仍旧残留着，不禁产生了人事全非之感。

卡内基问堂弟："乔治，要不要去美国？"

乔治没有回答。

"战争一结束，匹兹堡必有令人惊异的大发展。各种可能致富的机会正等着我们，跟我一块儿去美国吧！"

"哥哥，让我考虑一下。我正受教于克尔文爵士，现在正迈向技师的道路呢！"

卡内基显然一时无法说服乔治去美国。

这时，卡内基的母亲正忙着应酬亲戚们，在丘陵的斜坡上，黄色的野花杂乱地怒放着，海风凉爽地吹过来，苏格兰的夏日令人陶醉。

卡内基的母亲百感交集，她再也控制不住自己的泪水。

对卡内基自己来说，重新回到苏格兰的感觉就像是来到了圣地，他还亲吻了那片土地。

在这种情绪中，他们到达了丹弗姆林。一路上经过的所有事物，卡内基都一眼就可认出来，但是，和他想象中的相比，每一件看起来都很小，卡内基甚至为此感到迷惑。

终于，他和母亲到了劳德姨父家，走进那间姨夫曾教给他和多德很多事情的房子，卡内基大叫起来："你们都在这儿，每样东西都和我离开的时候一样，但是你们现在看起来都和玩具差不多。"

在《自传》中，他写道：

那条大街，我曾认为是一条不错的宽大的公路。

姨父的小店，我一直把它与纽约的一些商店相提并论。还有环城的那些小山，我曾经在星期天去上面跑来跑去玩耍，还有那些房屋，一切都缩小了，这儿成了小人国的城市。我甚至能触摸到那间我出生的房子的屋檐。

以前我曾把在周六步行去海边看成是高难度的一项工作，而现在，那也只不过 3000 米的距离。海边的礁石似乎也消失了——我曾经在那里捡海螺，而现在只剩下一条平展的浅滩。

那校舍，在它的周围凝聚了许多我学童时期的回忆，这是我唯一的母校。还有那操场，我在那儿做过游戏，和伙伴们赛跑，现在都变得这么小，小得荒谬、可笑。

那些住所、金雀大厅、圣诞小屋，尤其是东尼布里斯特的温室，一个接一个地变得细微和无关紧要。后来有一次我去日本，那儿的小型房屋模型玩具，看起来就像是这些老房子带给我印象的复制品。

那里所有的东西都成了微缩模型，甚至连摩迪街上的那口老井，也和我想象的大相径庭。

但那光荣而古老的大教堂没有使我失望。她依然那么雄伟、庄严，那刻在高塔上的大字，令人难以忘怀——罗伯特·布鲁斯国王，还是一如既往地占据了我的眼睛和我的心灵。

大教堂的钟声也没有令我失望，当我回到这里第一次听到它，这使我感激莫名。它给了我一个聚焦点，在教堂周围，是残破的宫殿和大峡谷，一段时间之后，其他的景物渐渐地得到调整，恢复了它们真实的比例。

在丹弗姆林休息不久，卡内基身体刚一复原，又立刻同母亲一道返回了美国。这次是乘坐宾夕法尼亚铁路，经费城返回。卡内基开始筹划他的新事业。

内战期间，钢铁的价格涨到了每吨 130 美元。即便是这个价格，也还不是有钱就可以买到的。因为缺乏新的轨道，美国的铁路很快变得危险。

这一状态促使卡内基于 1864 年在匹兹堡建立了一家铁轨制造企业。在寻求资金和合作伙伴方面，卡内基没遇到什么困难，并且先进的钢轨炉和鼓风机也已经问世。

同样，当时对火车机车的需求量也是巨大的。

在 1866 年，卡内基就和同伴组建了"匹兹堡机车厂"。这是一个信誉良好、繁荣兴旺的企业，它所生产的机车在全美享有盛誉。

至 1906 年，这家公司原价 100 美元的股票在市场上可以卖到 3000 美元，这家公司取得了很大的成功，当时的方针便是一个充分的证明："只做最好。"

钢铁大亨的奋斗

带走我的员工，把我的工厂留下，不久后工厂就会长满杂草；拿走我的工厂，把我的员工留下，不久后我们还会有个更好的工厂。

——卡内基

合伙成立吉斯通桥梁公司

在阿尔图那的时候，卡内基曾看到宾夕法尼亚铁路公司在试制当时第一座钢铁小桥，并获得了成功。当时他就看出，为了永久性的铁路结构，再也不用依靠木头来制造铁路桥了。

南军频频攻击宾夕法尼亚铁路，木质桥梁被烧毁的事件层出不穷。当卡内基修理被烧毁的莫诺加黑拉河的桥梁时，他再次思索起用铁桥代替木桥的方法。这个念头自从波托马克大桥被毁以后就一直缠绕着他。

忽然，他心中一动，想起在阿图尔那工地曾看过铁道的小桥。

为了设计好桥梁，卡内基立刻动身去拜访铁桥的设计者林维尔和席夫拉两位工程师，在交谈中他们都提出了有位名叫比波的工程师是架桥工程首屈一指的天才，于是卡内基立刻请这位工程师前来。

这位比波工程师沉默寡言，个性保守，服务于宾夕法尼亚铁路阿图尔那事业总部的沿线维修部门。他那红色的络腮胡子，像刺一样直立着。

在波托马克大桥被南军烧毁时，这位40来岁的陆军上校曾帮助卡内基奋力修理桥梁，将渡船并列，成功地完成了桥墩的补修，当时他任职工兵队长。

卡内基建议他辞去铁路工作加入铁桥公司。林维尔、席夫拉、比波、卡内基与他的弟弟汤姆5个人每人出资1250美元创立公司。由于比波有功劳，他的股金由卡内基代出。

就这样，卡内基等人在1862年组建了"帕伯和希福勒公司"，后来又于1863年并入吉斯通桥梁公司。卡内基对这个名字感到骄傲，因为这个名字最适合一家处于宾夕法尼亚州—吉斯州的桥梁公司。

由此开始，铁路桥在美国得到了广泛的应用，而据卡内基所知，在世界的范围内，它也开始大行其道。只要他写个借据，匹兹堡的钢铁生产商就愿意把材料赊给卡内基的新公司。

他们用木头搭建了几个小型的车间，一些桥梁结构也开始动工了。铸铁是主要材料，建造出来的桥梁质量极佳，经得起多年繁重的交通运输。

卡内基还将克鲁曼制铁的天才工程师与比波上校拉到一起，这两位天才之间由他的弟弟汤姆游说联系，这样一来，便有了基础发展成为称霸全美的大企业，卡内基对此乐不可支，难以抑制。

"听林维尔先生说，您很喜欢马？"卡内基对比波上校说。

"马？我喜欢马仅次于桥。"上校说。

"我的弟弟汤姆也喜欢马。他每天早上从霍姆坞德镇到车轴工场，大约16千米的路程，都骑马上下班，我也送一匹种马给上校吧！"

这位天才型工程师听到马，两只眼睛都亮了起来。他是典型的马迷。看来，为了掌握上校，马是不能吝惜的。

每当业务方面争论得太激烈时，比波上校便有了要发脾气的征兆，这种情况并不少见。此时最好的办法就是把话题引向马，他便把所有的一切都抛诸脑后，开始沉醉于马的话题。

在他工作过于劳累的时候，卡内基想让他休息，给他放个假，就派他到肯塔基州去挑一两匹马，给公司之中需要的人。上校很善于相马，也很乐于担当这个职务。

然而，比波上校对马的痴狂有时候也会给他带来麻烦。

有一天，他出现在办公室的时候，半边脸满是污泥，衣服扯破了，帽子也弄丢了，但手上依然执着马鞭。

他解释说："我努力想去驾驭一匹肯塔基的未被人骑过的小马，可是有一条缰绳断了，我控制不了方向。"

上校是一个卓越的人，卡内基等人都亲切地叫他"管子"。如果他喜欢一个人，那么他会永远支持并且追随他。

后来，卡内基去了纽约。

上校便把对卡内基的感情转移到卡内基的弟弟汤姆身上。因为卡内基得到了他的支持，卡内基的弟弟汤姆在上校心中的地位便也高了起来。他同样地很尊敬汤姆，凡是出自汤姆之口的，他都严格执行。

他总是极度地忌妒卡内基其他的公司，因为他与之没有直接的利害关系，比如供给吉斯通公司生铁的冶炼炉。

最初的订单是由潘汉德尔铁路在俄亥俄州的一家地方公司下的。这家地方铁路计划在斯托本维尔城建立桥梁，横跨俄亥俄河。这桩生意在卡内基的竭力争取下为公司得到了，那家地方公司的董事长将建造木桥的计划改变为建造铁桥。

当卡内基还是个电报信差的时候，俄亥俄河的泛滥使斯拖本维尔城的电报线全遭毁损，他带着兄弟们，赶往救援的情景现在还历历在目。这是一个令他怀念的城市，如今，卡内基要在那宽阔的俄亥俄河上，建造一座90米长的铁桥，他为此感到兴奋和自豪。

比波上校主张先建造熔矿炉，再制造铣铁及铸铁，用以建造桥墩及其吊桥的桥链。

但卡内基决定向克鲁曼的都市钢铁公司购买铣铁，如果不考虑两家公司的生产线，要发展为卡内基大钢铁工厂是困难的。但由于汤姆有两家公司的股份，容易解决这个问题。

当潘汉德尔铁路董事长约韦特看到工地上数十根长铸铁制成的铁柱时，不禁大吃一惊，看着那些并排的铸铁满脸疑惑。他怀疑这么长的铁柱，怎么能使它们立在俄亥俄河中！

但俄亥俄铁桥成功地完成了建造，沉重的火车头拖着3节货车，安全地通过了铁桥。

正如卡内基计划好的，宾夕法尼亚铁路的汤姆森董事长以太太的名义入股，成了大股东，陆军部的汤姆·斯考特持有 80000 美元股票，与卧铺车辆制造公司那时相同，以折半为条件用卡内基的名义持有。公司取宾夕法尼亚州的别名，改名为"吉斯通桥梁公司"。

当初卡内基以赚大钱为目标，如今得到了机会。

在陆军部，汤姆·斯考特掌握实权，订单不断，而其他公司的线路建桥工程的订单以及宾夕法尼亚铁路的订单也蜂拥而至。

汤姆森在给宾夕法尼亚铁路董事会的函件中写道：

> 吉斯通桥梁公司的比波，在本公司任职期间，成功地完成了各项工程。鉴于其卓越成就，对他为公司所施工的铁桥工程的新兴事业，本人可毫不犹豫地向各位董事大胆推荐。
>
> 艾加·汤姆森

在联邦政府的经费补助下，圣路易决定在密苏里河上建一座铁桥，吉斯通桥梁公司承揽了这项大工程，并派比波前往圣路易协助伊兹上尉，共同设计怀亚桥的架设工程。

设计者伊兹上尉相当有名气，他同时也是陆军装甲车与装甲船的设计者，由于比波与他意见不统一，这项建桥工程进行得很不顺利，后来又因为伦敦的公债出了问题，与华盛顿产生了摩擦，更导致了计划延宕。

卡内基得知未付设计资金，亲自到圣路易对比波说："若资金送不来，就停工等钱送来再进行！"

在工程完工之后，卡内基还和上校在圣路易待了几天，以防在公司收到全部工程款之前，有其他人占有使用这座桥。上校把桥两端的木板抽走，并制订了一个警卫轮班的计划。

那时候，上校十分想家，迫切地想回到匹兹堡去。他决定搭夜班车走。这弄得卡内基茫然不知所措，不知道怎么才能让他留下来，这时候，卡内基想起了他的那个弱点。

卡内基告诉他说他特别想给他妹妹弄两匹马，把两匹共轭的马送给她作礼物，而且他听说圣路易是著名的好马产地，不知道他是否见过一些出色的马匹？

这一诱饵立刻发挥了效用，上校立刻上钩了。他开始滔滔不绝地向卡内基介绍他见过的马和几个他去过的马场。

卡内基问他能否多在这里待几天，借此时间帮助卡内基挑选良马？卡内基心里知道得很清楚，上校肯定要认真观察，并且试驾多次才能决定，这样他就会忙碌起来。

事情如卡内基所预料的那样发展。上校果然买到了一对极好的马匹，可是随即又有了另外一个问题：怎样才能把这对马运回匹兹堡去呢？用火车他不放心，而好几天也没有合适的船只。

应该说是卡内基很走运，在那两匹马儿平安运走之前，上校绝对不会独立坐火车离开。上校的确是卡内基最喜欢的合作伙伴之一。

千方百计获得合同

对卡内基来说，吉斯通桥梁公司总是满意的泉源。几乎美国所有修建铁桥的公司都失败了。多家建桥公司所建设的许多铁桥倒塌了，因此造成了十分严重的灾难。有些桥梁在强风的压力下，被吹垮了。

但这样的事情从来没有发生在吉斯通公司建造的桥梁上面，尽管有些桥梁也建立在风势并不和缓的地区，这绝不只是出于运气。卡内基坚持使用最好的建材，从不偷工减料。

开始的时候，卡内基使用自己的铁，后来又用自己的钢材。对于结构的安全性，卡内基对自己的检测最为严格。

如果有人要卡内基建造那种不够坚固的或者说设计不太科学的桥梁，卡内基会毅然拒绝。只有那些值得为之盖上"吉斯通印记的工程"，卡内基才会准备与之签署协议。

为此，美国很多州都与吉斯通桥梁公司有合作关系。

卡内基认为艰苦工作是成功的秘诀。在工作得到认可之前，几年的艰苦工作是必要的；但在此后，便可一帆风顺。为此，卡内基从不拒绝抵制那些质量检测员，并且在卡内基的公司里，他们还能得到很高的待遇。

卡内基一向以高标准要求自己。他认为公司企业应当通过出色诚实的工作去取得显著成功。

即便是在今天这样竞争激烈的日子里，每一件事情看起来都是价格问题，事实上，探究商业取得成功的根源，质量依然是很重要的因素。对质量的关注，公司里的每一个人，从最高层的总裁到最卑下的体力劳动工人，都不应该忽视。

车间的卫生、良好的工场工具和周围的环境，事实上这些因素都比想象中的重要。

一位很重要的制作业主曾经无比骄傲地跟卡内基说过，曾有当地一位质量检测员来他们工厂工作，但他刚到工厂一露面，就被他们的工人赶跑了，从那之后再也没有质检员来过。

卡内基没有发表任何评论，只是暗暗地对自己说："这家公司肯定在竞争中站不住脚，当严峻时刻来临时的时候，它将面临失败。"

后来的结果证实了他的判断。一家企业得以发展的可靠基础是质量，成本远远不如它重要。

有好几年，卡内基投入了大量的精力在吉斯通桥梁公司的日常事务上。每当需要签署重要的协议时，卡内基都会亲自参与谈判、竞标。

1868 年，卡内基和工程师沃尔特·凯特一起去爱荷华州的迪比克，为在当时被认为是最大的一座铁路桥竞标，当时河面被封冻住了，他们坐着 4 匹马拉的雪橇过了河。

这一趟外出证明了成功源于细节的绝对正确性。

那一次，卡内基的公司并不是出价最低的竞标者，他们最大的竞争对手是芝加哥的一家桥梁建设公司，当时招标董事会已经决定要和他们签署协议。

卡内基四处找机会，并和几位董事谈了谈。发现他们对铸铁和熟铁的区别一无所知。卡内基总是用熟铁来建造桥梁上的横木，而他的竞争对手用的却是铸铁。

于是卡内基就在这一点上做文章，他描绘出轮船撞到不同材料时候的情形，如果横木是熟铁，发生碰撞时，它最多只会弯曲。而如果是铸铁的话，横木会断裂，然后导致整座大桥倒塌。

卡内基非常幸运，会上其中的一位董事是著名的佩里·史密斯，进一步强化了卡内基的论点的说服力。

他对董事会陈述，卡内基所描述的情况千真万确。前一个晚上，他驾着马车在黑暗中撞到了街灯柱，恰好那柱子是用铸铁造成的，在这一撞击之下便断成了好几截。

"啊，先生们，"卡内基说，"这就是重点所在，多花一点点钱，你们就可以拥有一座用熟铁建造的大桥，能在任何轮船的冲击下屹立不倒。我们公司所建造的桥梁从来都是质量第一，我们的桥从来没塌过。"

接下来便是一阵沉默，招标方的总裁，伟大的参议员艾利森先生，问卡内基能否让他们再商议一下。

卡内基回避了。

很快，他们便把他请了回去，提供给他合同书，但希望价格能低一点，再减去几千美元。

卡内基同意做出让步。

多亏了那根铸铁灯柱，卡内基得到了一份利润丰厚的合同。更加重要的是，这份合同为卡内基的公司赢得了在迪比克的信誉，胜过了任何其他的竞争对手。

这次谈判为卡内基和全美最优秀的、最可贵的公众人物艾利森先生之间长达一生的、坚不可破的友谊打下了基础。

事后，卡内基总结说：

如果你想要得到一份合同，那么你需要多与招标方接触。只有投标人在场，街灯的被撞或者其他不可知因素才有可能帮你赢得竞标。如果可能，请尽可能留在现场，直至你可以把合同揣在兜里带回家中。

卡内基在迪比克就是这么做的，虽然对方提出可以先走一步，合同会寄给他们再签字生效。但卡内基还是选择了留下来。

与铁路财团加勒特的合作

在建完施托伊本威尔大桥之后，巴尔的摩和俄亥俄铁路公司觉得有必要在帕克思保和惠灵两地建造桥梁横跨俄亥俄河，以防止他们主要的竞争对手宾夕法尼亚铁路公司取得决定性的优势。轮船的时代很快就成为过去。

由于与这几座桥梁的合同关系，卡内基认识了加勒特先生。他当时身居要位，是巴尔的摩和俄亥俄铁路公司的总裁，与他相结识是一件很愉快的事。

卡内基非常渴望能获得这两座大桥及其所有引桥的工程项目，但他发现加勒特先生非常果断地认为，卡内基的公司不可能在指定的时间内完成这么多的工作，希望由他自己的工程队来承建引桥和跨度较窄的桥梁。

加勒特问卡内基："能否使用卡内基公司的专利技术？"

卡内基回答说，巴尔的摩和俄亥俄铁路公司愿意如此合作，这让他感到无上荣幸，并表示能得到巴尔的摩和俄亥俄铁路公司的认可比10倍的专利使用费更有价值，同意对方使用自己公司所有的东西。

毫无疑问，这位铁路大资本家对卡内基的公司产生了良好的印象。加勒特非常高兴，出乎卡内基的意料，加勒特邀请卡内基到他的私人房间里，非常直率地谈一些总体上的事务。

尽管他知道宾夕法尼亚铁路公司的总裁和副总裁，托马斯先生和斯考特先生是卡内基的好朋友，但他还是着重提到了和他们之间的争吵。

卡内基告诉他："在我来这里的途中，路过费城，见到了斯考特先生，斯考特还问过我要往哪儿去。"

当卡内基告诉斯考特他要去拜访加勒特先生，争取得到俄亥俄大桥的合同时，斯考特说卡内基这次是在做傻事，一定会失败。加勒特先生绝不会考虑把合同给他，因为每个人都知道卡内基以前是宾夕法尼亚铁路公司的雇员，和宾夕法尼亚铁路公司关系密切。

加勒特先生立即表示，自己是不会拿公司利益做赌注的，他只会选择最好的合作伙伴。他的工程师已经写出报告，卡内基公司的方案是最好的，托马斯和斯考特将会看到，他只有一条原则，那就是公司利益至上。

尽管他十分清楚卡内基是宾夕法尼亚铁路公司的人，但他还是愿意把这份工程交给卡内基公司去做。

谈判的结果还是不能让卡内基满意，因为他们公司要做的全都是这项工程中最困难的部分——那些大跨度的桥面在当时被认为是极富风险、十分艰巨的任务——而加勒特先生承包了卡内基公司方案中所有小跨幅的桥面和最有利润的工作。

于是卡内基大胆地向加勒特质询，问他是不是不相信能在他建好砖石结构部分时就能让大桥开放通车，所以把大桥分了段。加勒特承认他正是这样认为的。

卡内基告诉他，在这一点上，他无须有任何担心。

为此，卡内基找到加勒特，对他说："加勒特先生，我个人给你保证金作为抵押，你认可吗？"

"当然。"加勒特说。

"那好，"卡内基回答说，"那现在就给我些压力吧，我知道自己在做什么，我愿意冒一次险。如果你给我整个的合同，以保证你的桥能在规定的期限内建成通车，你需要多少保证金？当然，你的砖石结构也得在那时候完工。"

"哦，年轻人，我希望你支付 10 万美元。"

"没问题，"卡内基回答，"准备签约吧，把整个工程给我，我的公司不会让我损失掉 10 万美元的，你应该了解。"

"没错，"他说，"我相信如果你押上了 10 万美元，你的公司将会没日没夜地干，而我也可以按时得到我的桥了。"

这个安排使卡内基公司得到了巴尔的摩和俄亥俄铁路公司的庞大的合同。不用说，卡内基绝对不会打算赔掉 10 万美元保证金。卡内基的搭档们比加勒特先生更加了解这项工程的情况。

俄亥俄河可不能视同儿戏，在他们完成任务很早之前，卡内基和搭档们就从合同的责任中解脱出来，把大桥的上层建筑交给了银行，等待他们完成桥梁的部分建筑。

加勒特先生很为他的苏格兰血统感到自豪，他和卡内基之间还谈起过伯恩斯，卡内基与他结下了牢固的友情。

后来他邀请卡内基到他在乡间的别墅中做客。

他是那种在乡村拥有豪华别墅的少数的美国绅士之一，有数百亩美丽的庄园、公园般的驾驶车道、一群训练有素的马匹，另外还有牛、羊、狗等动物。他的家被认为是英国贵族乡村生活的翻版。

后来加勒特决心让他的铁路公司进入铁轨制造业，并且申请使用贝西默的专利权。

这对卡内基的公司来说可是件大事，因为巴尔的摩和俄亥俄公司是他们最大的客户之一，他们自然急于阻止他们在坎伯兰建造轧轨钢厂。

卡内基认为，对于巴尔的摩和俄亥俄铁路公司来说，这将是一项失败的规划，他敢肯定他们购买钢轨要比自己生产便宜得多，因为他们自己需要的量很小。

卡内基为此特意去拜访了加勒特先生，那时候外贸和轮船航线的发展乐观，前景看好，加勒特正在为此而感到高兴，因为这样巴尔的摩便成为一个港口城市。

在侍者和员工的陪同下，加勒特把卡内基带到了他正要扩建的几个码头。

当时，外贸货物正从轮船上卸下来，放进火车车厢里，他转过身来对卡内基说："卡内基先生，你现在应该为我们巨大的商业系统而感到惊叹，并且也要理解为什么我们有必要生产我们所需要的所有东西，甚至是铁轨。我们不能依靠私人企业为我们提供任何主要物资，我们将是一个自成一体的小世界。"

"很好，"卡内基回答，"加勒特先生，这确实很庞大，然而事实上，你的'巨大系统'并没有让我震惊，我读了贵公司去年的工作报告，发现你们为别人运输货物上的收入是14000万美元。我控制的公司从山上采掘原料，然后以更高的价钱卖出去。与卡内基兄弟公司相比，你的才是真正的小公司。"

卡内基的铁路学徒身份在那里显示出了优势。从此，卡内基再也没有听到巴尔的摩和俄亥俄铁路公司要和卡内基公司竞争的消息。

此后，加勒特先生和卡内基成了更要好的朋友和合作伙伴，他俩之间的友谊也保持了终生，加勒特甚至把自己饲养的苏格兰牧羊犬送给卡内基作为礼物。

决定介入钢铁行业

吉斯通公司作为其他所有公司的母公司，卡内基对它有一种独特的偏爱，但是在熟铁明显地显示出它对铸铁的优势之前，它存在的时间并不长。因此，为了保证同样的质量，也为了制造出当时买不到的特种型材，卡内基决定介入钢铁行业。

卡内基的弟弟和他开始对托马斯·米勒、亨利·斐浦斯和安德鲁·克鲁曼的小炼铁厂感兴趣。米勒和克鲁曼最先成立了这个炼铁厂，后来又把斐浦斯拉了进来，在1861年11月借给他800美元以购进公司的1/6股份。

米勒是钢铁行业的先锋，而安德鲁·克鲁曼在阿尔勒格尼有一个小小的锻造厂。作为宾夕法尼亚铁路公司的部门主任，卡内基发现他这里生产的车轴是当时最好的。

克鲁曼是一个伟大的技工，尽管那时候在匹兹堡默默无名，他发现只要是与机器有关的事务，都值得好好去做。他的德国式思维让他对事物看得很透彻。

他所制造的东西价格十分昂贵，但是经久耐用，从开始使用的时候起，他可以从这一年底用到另一年底都不会坏。那个时代谁也不知道一个车轴能使用多长时间，因为没有科学的方法对材料进行分析。

克鲁曼是德国人，善于创造发明。他最早采用冷锯法，将冷铁按照要求切成精确的长度。

他发明了镦锻机，可以制造连接桥梁的物件，同时，他还建造了美国第一个万能铣床。这些都被卡内基的公司采用了。

当伊兹船长买不到圣路易桥拱的连接器，事情陷入僵局的时候，克鲁曼告诉卡内基他们说他可以做出来，同时他还解释了其他人失败的原因。然后，他成功地做出来了。

这是到那时候为止做出来的最大的半圆形联轴节，卡内基对克鲁曼非常有信心，从不会质疑他的能力。

卡内基家和斐浦斯家之间有着亲密的关系。在早年时期，斐浦斯的兄长约翰是卡内基主要的伙伴。亨利有几年是卡内基的下级，但还是很成功地引起了卡内基的注意，因为他是一个聪明活泼的人。

有一天亨利要他的哥哥约翰借给他 25 美分，约翰以为他有重要用途，因此问也没问就给了他。

第二天上午，《匹兹堡快报》上登出了一则广告：

一个勤劳的男孩企盼一份工作。

这就是精力充沛而又勤劳的亨利使用 25 美分的所在，也许这也是他平生第一次一下子花去 25 美分。

著名的迪尔沃斯和彼德威尔公司对这则广告产生了兴趣，要这个"勤劳的孩子"去与他们见面。亨利去了并且得到一个跑腿的差事。按照当时的惯例，他每天上午的第一个任务就是打扫办公室。

他跑去征求父母的意见并且得到了他们的许可，就这样，这个年轻人后来投入到海运商务当中。这样的男孩是没有什么东西可以阻止他的。

这是一个老故事了，后来他很快成为老板的臂膀，在这家公司一个间接的分部里获得了一小部分股份。

他一直保持着警惕，就在几年前，他吸引了米勒先生的注意，米勒和安德鲁·克鲁曼为他做了一小笔投资，于是他们终于在第二十九大街建立起了那家炼铁厂。

此外，他曾是卡内基弟弟汤姆的同学和密友，在还是小孩的时候，他们便在一起玩，直至卡内基的弟弟在 1886 年去世，他们都是好朋友。

不幸的是，克鲁曼和斐浦斯很快就因生意上的问题与米勒产生了分歧，并且迫使米勒离开了工厂。

一天，卡内基坐在办公室的时候，他听到汤姆·米勒一边骂人，一边跑了进来。

"我要干掉克鲁曼兄弟！"汤姆·米勒咬牙切齿地骂道。他满脸通红地跑进卡内基的办公室。

"看这个！"他说，把一张揉成团的《匹兹堡新闻》晚报丢给卡内基。

卡内基看到三行广告：

启事

汤姆·米勒自即日起脱离都市钢铁制造公司。米勒先生此后之商业行为及银行往来概与本公司无关。

克鲁曼兄弟

卡内基详细地问清事情的原委后，知道原来是由于公司订货猛增，几个股东分摊利润发生矛盾引起的争端。在争吵后，因铸造技术在身而狂妄自大的克鲁曼兄弟竟将还担任业务工作的汤姆·米勒和亨利·斐浦斯两人赶出了公司。

卡内基思考了一下决定去和克鲁曼谈谈。然而事情并没有因为卡内基从中调停而发生好转，斐浦斯不知从什么时候起，与克鲁曼兄弟站在一起了。

这样，汤姆·米勒明显被孤立了。

卡内基向汤姆·米勒建议再开一家新公司，并计划把都市钢铁公司一分为二。卡内基请霍姆坞德镇的企业家们一起投资产油河的油井，并且以拥有5位千金而自豪的克鲁曼先生为大股东，创建以希腊神话中独眼巨人为名的公司，即"独眼巨人"制铁公司。从此，卡内基必须同时关注这两家各自独立的制铁公司。

钢铁时代即将来临了。在这个时期出现于南北战争西部战场的格兰特将军，使北军转而占据优势。对于南军来说，格兰特将军是个克星。

1863年7月4日，格兰特将军攻陷了维克斯堡，它被称为"密西西比河上的直布罗陀"，因此这场战斗具有关键性质，维克斯堡的失去使南军通向西方的联络线全都遭到切断。

1863年末，南军开始向佐治亚总部撤退。林肯总统任命格兰特为北军总司令，夏曼将军奉命攻打佐治亚。

率领60000精锐的夏曼不负重托，1864年9月2日占领了亚特兰大，年底又攻克塞芬拿堡。这样，林肯对南方联盟实施的海上封锁发生了实际的效果。

南方从繁荣的巅峰跌落下来，不仅负伤者和病人急需的奎宁、吗啡等医药用品欠缺，而且连咖啡、茶、肥皂、纸、布和火柴这些日用品及小麦、肉类等食品也严重短缺，更缺乏盐。

南军开出用钢铁装甲起来的"弗吉尼亚号"军舰，开始突破封锁。北军也派出了伊兹上尉所设计的河川装甲舰及装有旋转炮塔的装甲舰。

"钢铁时代即将来临了！"卡内基重复着这句话，不知有多少遍。他得知这些消息早在创设铁桥公司之前。

帆船时代过去之后，南北战争的发生，也使木造船舰几乎成为历史名词了。卡内基自言自语，考虑着即将到来的时代。

与弟弟刚见过面，卡内基便被告知，"召集令来了！"卡内基惊慌了一下，随即说："到匹兹堡去找代理商。"

　　这时，卡内基制造铣铁、铸铁的公司成立了，铁桥公司的业务也蒸蒸日上，而伍德拉夫卧铺车公司成绩也很好，这时候是绝对不能去当兵的。匹兹堡有为人找替身的代理商。

　　当时，在战争末期若要躲避召集，合法的条件是捐献 300 美元并找个替身。但物价已飞涨到 10 倍以上，这时候找替身是非常困难的，适龄青年很少。

　　由于代价高，卡内基花了 850 美元才逃脱了兵役。

投资俄州大油井

1859 年秋天，斯考特晋升为宾夕法尼亚铁路的副董事长，两年后爆发南北战争，卡内基再过数日就 24 岁。

斯考特向他透露升为副董事长，就得到费城去上班！卡内基虽然愿意，但是斯考特已向汤姆森董事长推荐他为匹兹堡管理局局长，并说要扩大匹兹堡管理局的职能，宾夕法尼亚地区将进入这一地区的管辖之下。

卡内基立即赞成。他的月薪升至 1500 美元。

卡内基十分高兴，赶快回家向母亲报告这个好消息。汤姆年方 16 岁。卡内基一回到家，就跟弟弟说要他给他当秘书。同时建议母亲把现有的住房卖掉，搬到安静的地方去住。

斯考特的侄女丽白卡建议搬到她居住的霍姆坞德镇住。她一直照顾着斯考特的子女。她说正好他家隔壁有房子要卖。附近只有几户人家，是高级住宅区。搬到该镇后，邻居都是优秀的知识分子。

以后，卡内基制铁的伙伴斯都瓦及到国外旅行一起同行的邦迪波特都是邻居。好学的汤姆·米勒也搬到了附近，这尤其使卡内基感到高兴。汤姆·米勒辞去铁路工作，服务于匹兹堡的车轴工厂。

住在这附近的另一个显耀的家族则是创立匹兹堡铁工厂的威廉·克鲁曼家族。这位富有的克鲁曼先生引以为骄傲的是，他有 5 位才貌双全、正值妙龄的女儿。

汤姆·米勒及卡内基的弟弟汤姆，分别娶了克鲁曼的女儿为妻，因此，卡内基、克鲁曼及米勒三家结为姻亲。

1862 年，宾夕法尼亚的大油井引起了世人的关注。

当杜雷克在产油河的提特斯维尔开采到石油之后，卡内基的朋友威廉·克鲁曼对这一发现产生深厚的兴趣，可是，除了和卡内基一起到油井地区考察了一番之外，他什么也做不了。

那是一次很有意思的旅行，大量的人涌入油田，甚至很多人找不到栖身之所。尽管人们成群地涌入，但只有极少部分的人退回。只需几个小时，简陋的小木屋内就挤满了人。

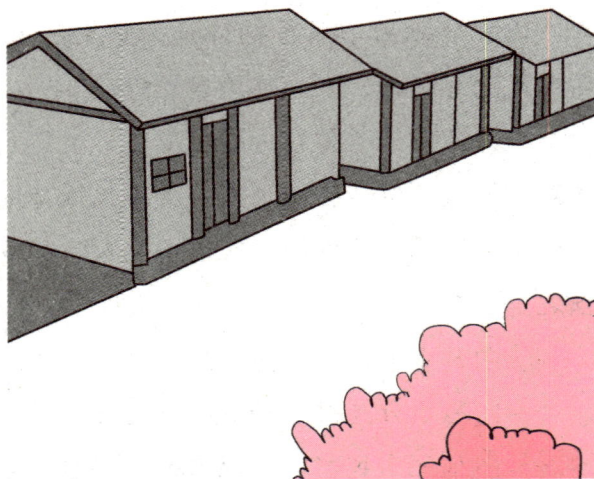

仔细盘算一下，你会为之感到惊叹，在他们一生中，他们没有过几天舒适的生活。他们都是经济实力在中等之上的人，有了可观的资产，却依然为了寻求财富而甘愿冒险。

让卡内基感到惊讶的是，这里四处都洋溢着幽默和欢笑，仿佛是一次巨型的野餐，充满着有趣的事情。每个人都欢天喜地，以为财富唾手可得，到处都呈繁盛之象。

在钻塔的顶端飘扬着旗帜，上面写着古怪的标语。卡内基看见两个人在河岸边操作着踏板掘地取油，他们的旗帜上写着类似"不成功，不罢休"一类的豪言壮语。

他们目标明确，努力向下，再向下；为了石油，更多的石油。

在这一地区，美国人的适应性得到了最好的体现。秩序很快就在混乱中产生了，卡内基他们到达之后不久，沿河居住的人们便组成了一支铜管乐队，开始为他们演奏小夜曲。

卡内基可以信心满怀地打赌，如果有 1000 个美国人到了一个新的大陆，他们一定可以把自己很好地组织起来，建立起学校、教堂、报社还有铜管乐队，简而言之，这是一个为他们自己提供文明生活中所需要的一切，不断努力发展自己的国家。

而同样多的英国人处于同样的环境下，估计他们会首先找出一个具有最高贵的血统，在他们之中世袭爵位最高的人，这个人便因为他的祖父而成为理所当然的领导者。

美国人之中只有一条准则，那就是：有用，便有价值。

开始的时候，这一地区的塞内卡印第安人用毛毯在河的表面取油，每个季度都能卖几桶油。而现在这里则有好几个市镇、精炼厂和数百万美元的资金。在那些早期的日子里，所有的安排都具有最天然、最原始的特点。

采到石油后，便被放到平底船中，这种方式泄漏严重。河水灌入船中，石油便随水而漂走了。

河流很多地方都筑起了大坝，在特定的某一天或者某一时刻，大坝打开，油船便漂到阿勒格尼河，随后到匹兹堡。

这样一来，不只是那条小河，就连阿勒格尼河也被石油所覆盖。据估计，石油在运往匹兹堡的途中，会有 1/3 流失。而油船在出发前，可以毫不夸张地说，已经因为泄漏而损失了 1/3 的石油。

当年印第安人收集起来的石油在匹兹堡装瓶出售，价格就像药水一样昂贵，每小瓶可以卖到一美元。当时盛传，它是治疗风湿的特效良药。当它因供应充足而变得价格低廉的时候，它的灵验也就消失了。人类是多么愚蠢可笑啊。

卡内基兄弟马不停蹄地往返于产油河，输送石油的平底船行驶于阿勒格尼河，另外还用马车拉油桶等。

看到这情景的卡内基兄弟，构想在匹兹堡的阿勒格尼河畔建造油槽。他们看到无法运完的石油流入产油河甚为可惜。

最好的几口油井在斯图里农场，基于此，卡内基作出了选择，用

40000 美元把它们买了下来。克鲁曼先生提议挖掘一个足以容纳 10 多万桶石油的池子，泄露了的原油每天随河水流到里面，来建立一个所谓的"油湖"。

他俩当时预想，在不久的将来，当石油供应终止的时候，这样储存起来的石油便可派上用场。这一想法很快就付诸实施，他俩一直在等待着石油供应终止这一伟大时刻的到来，然而在他俩损失了好几千桶后，这一时刻还迟迟没有露面，于是他俩便放弃了这个计划。

克鲁曼预言说，当石油的供应停止时，每一桶可卖到 10 美元，因此，这个湖中便已有了 100 万美元的价值。卡内基不相信，地下的石油储存可以持续以每天几千桶的速度开采，而不会枯竭。

这 40000 美元的投资是他俩到那时为止最有成效的，由此获得的收入来得正是时候。他俩在匹兹堡新建的一座钢铁厂不仅需要他俩能调动的所有资金，还需要他俩的信用贷款。

回首当年，卡内基认为，贷款对于年轻人是大有好处的。

卡内基对石油冒险的兴致日浓，后来他还去过产油区好几次。

在 1864 年，他去了一趟俄亥俄州的油田，那里生产的一种石油，其质量特别适合用来提炼润滑油。

克鲁曼先生和大卫·里奇先生、卡内基同行，这次旅行是卡内基最离奇的经历之一。他们在距匹兹堡数百千米的地方离开铁路线，穿越一个人烟稀少的地区到达克河水域，看到那口巨大的油井，他们几个在离开之前买下了它。

在他们返回的时候，冒险才真正开始。在他们去那儿的时候，天气非常好，而且路况也很不错；在那里停留期间，雨便已经开始下起来了。

他们几个坐着四轮马车返回，然后大雨滂沱，这让他们寸步难行。道路变得十分泥泞，马车吃进泥里很深，行走艰难。很显然，他们必须在雨中行走一夜。

克鲁曼先生全身舒展，躺在马车左边一侧；里奇躺在右边，因为卡内基比较瘦，还不足 100 磅，便夹在这两个肥胖的绅士中间。

马车不时地上下颠簸，以一种蛮横的方式前进，很快又无法前行了。他们就以这种方式度过了那晚，在马车的前部横着一条凳子，搭上苫布他们就钻入苫布下面睡觉，尽管条件艰难，但那晚他们依然过得很高兴。

第二天晚上，他们在最糟糕的情况下成功抵达了一个乡村小镇。镇子里的小教堂亮着灯，他们能依稀看见它的形状，还能听见教堂里的钟声。

他们刚到客栈，就有一个委员会过来说，圣会已经开始了，很多人正在等着他们。

有趣的是，卡内基被当成了那位缺席的牧师，有人问他多快可以和他们一起到会议室中去。卡内基和伙伴们很想开个玩笑，可他们几个实在太累了，便就此作罢了。

那一次，卡内基差一点占有讲道坛，离充当牧师只有一步之遥。

卡内基的投资牵扯进了他太多的精力，因此，他决定脱离铁路公司的业务，全身心地投入到他自己的事业中来。

汤姆森总裁将他召回费城，想要提拔他做刘易斯先生手下的总经理助理，办公地点在阿尔图那。卡内基婉言谢绝了他的好意，跟汤姆森说自己已经决定放弃铁路公司的工作。

卡内基想发财，而铁路公司的工资无论如何做不到这一点，卡内基又不愿用不正当的手段来达到他的目的。

当夜晚躺在床上的时候，卡内基作出一个裁断，要得到最高法庭的批准，那里驻着法官。

在卡内基写给托马斯总裁的信中，他又重申了这一点。他在回信中给予了热情的祝贺，卡内基于 1865 年 3 月 28 日向宾夕法尼亚铁路公司提出了辞呈，辞去了他的职务。

宾夕法尼亚铁路公司、匹兹堡分部主任办公室
匹兹堡分部的全体员工、先生们：

至此分别之际，我要为不能再与你们携手工作深表遗憾。

经过 12 年来的愉快交往，我以一个人的名义，向那些和我一起忠诚地为公司服务的员工表示敬意。

对于我的辞职，只有一点令我痛苦，那就是从今以后，我再也不能像以前那样与你们保持密切的联系，包括其他部门的很多人，他们在与我的商业交往中，已经成为我的朋友。

我向你们保证，虽然我们之间将不再有公务上的关系，但我将一如既往地祝你们健康、幸福。我相信，经过多年来对宾夕法尼亚铁路公司的贡献，你们将分享它的成功和光荣。

最诚挚地感谢你们对我的关心，感谢你们用积极的工作来支持我，也请你们对我的继任者给予同样的支持。

此致

敬礼

安德鲁·卡内基

1965 年 3 月 28 日

铁路公司的员工送给他一只金表。卡内基一直珍藏着这块表和汤姆森先生的信作为宝贵的纪念品。

关注钢铁产业的最新行情

卡内基和弟弟汤姆也在讨论着国内的局势和最新消息。汤姆拿着报纸，上面刊载着斯坦顿部长的声明。卡内基读后，看到措辞果然相当严厉。

夏曼将军容许南军投降的条件等于是再次承认南方联盟的分离，给予反叛者武器弹药及容许奴隶制度。

卡内基不顾这些消息，他要将都市钢铁制造公司与独眼巨人公司合并，毕竟，要双眼的巨人，才能应付今后铁的要求。战争一结束，大量的订单一定会涌来的。

卡内基预料"买美国货，使用美国制的铁轨"这一法案将获得通过。他还已经决定辞去宾夕法尼亚铁路的工作。这是他早先的计划，一旦战争结束就辞掉铁路工作。

这时卡内基29岁。在人生旅途中，29岁是一个重要的阶段。

在卡内基的29岁，战争造就了大量的机会，但稍有失误就会丧失前途和生命。无疑，他巧妙地运用了这一段青春年华。

在这以后，卡内基并没有在家闲居，为了思索在人生中的这次转变，他打算做一次旅行，与好友亨利·斐浦斯和邦迪·波特同返回丹弗姆林。

他在临行前，敦促克鲁曼兄弟、斐浦斯与因吵架而同他们分手的汤姆合好，将两家制铁公司合并一家，创立了"联合制铁公司"。同时，也让弟弟汤姆创立了"匹兹堡火车头制造公司"。

由于五大湖的苏必利尔湖畔的铁矿质地优良，卡内基是所有人，所以也规定汤姆跑苏必利尔矿山。从此，这里成为卡内基财富的宝库。

以比波上校为核心，加上林维尔和席夫拉的吉斯通桥梁公司，到战争结束时，股金已从每人1250美元增长至80000美元，宾夕法尼亚铁路董事长汤姆森以太太的名义参加，汤姆·斯考特也投资了40000美元，仍旧以卡内基的名义持有，并且仍按以往的原则均分利润。

汤姆·斯考特复职，被指派为宾夕法尼亚铁路的董事长，他和汤姆森仍保持昔日董事长与副董事长的关系。

这时，在克利夫兰经营谷物生意的洛克菲勒，也活跃在产油河的下游，而卡内基则专注于钢铁方面。

在南北战争中，斯考特与凯麦隆、宾夕法尼亚州出身的陆军部长，相互勾结，狼狈为奸，共同窃夺国家经费，中饱私囊。

议会在弹劾他们的文件中写道：

与腐败的宾夕法尼亚的政治领导人凯麦隆共谋，向业者收巨额款项的汤姆·斯考特，使部队输送的运费增加5成，擅自获取巨额利益。

依众议院特别调查委员会报告第二号文件指出，光是1862年度，宾夕法尼亚铁路就较前一年增加了135万美元的收益。

如果上述资料可信，那么可以确定汤姆·斯考特与汤姆森两个人狼狈为奸，沆瀣一气，滥用职权，谋取大量钱财。所以，拱心石桥梁制造公司增加资本时，他们秘密投资80000美元并不困难。

伍德拉夫的卧铺车投资案以来，卡内基利用斯考特秘密投资的金钱，派上很大的用场，这个时候，南北战争后创立的联合太平洋铁路公司，在华盛顿议会正式推动下，正呈现出一片大好前景。

卡内基果断地辞去了在宾夕法尼亚铁路的工作，准备单枪匹马闯天下，正好遇上了大好时机。

里德·德纳队翻越内华达山，征服了加利福尼亚。

美墨战争后，这里成了美国的一个州，议会很快拨出15万美元经费，让陆军部在1853年勘查并且计划修建横贯大陆的铁路。陆军部在报告中建议，越过落基山北部和南部可以各建一条铁路，另外在大草原的中央也可以建一条或几条铁路。

1862年，即南北战争开战一年后，联邦议会通过了法案，让联合太平洋铁路公司承建内布拉斯加至加州的铁路。

几乎没有什么投资比铁路更加赚钱了。铁路公司承建铁路，不仅可以通过政府而无偿取得铁路修建所需的土地，并且可以获得沿线大约1560万平方米的土地，建设材料也可以从这些土地上无偿采伐、运出及使用，并且政府还提供贷款。

马萨诸塞州铁锹制造公司的艾姆兹，在加州淘金热的时候，大量生产铁锹，赊给萨克拉门托的淘金业者，后来因为被倒账，几乎破产。澳大利亚发现金矿脉后，他将大量的铁锹以现金交易输出，得到不少利益，并且趁热打铁，把艾姆兹铁铲运往世界各地。

然后，艾姆兹加入了共和党，在马萨诸塞州出马竞选众议员获胜。据说他从来未在议会中发表过演讲，是一位"沉默议员"。可是他在幕后的政治活动却十分成功，林肯总统对他十分信任。

在建设横越大陆的铁路主线中，联合太平洋铁路之所以受到认可，沉默议员艾姆兹立下了汗马功劳。

南北战争还没结束，艾姆兹就创立了信用流通公司，后来出现的渎职事件，把总统也牵扯进来。在建设南太平洋铁路的时候，它转卖官方或者大公司的抛售品，成为一个赚取中间利润的空头公司，扮演了一个"金融隧道公司"的角色。

艾姆兹联合了很多新英格兰的小资本家，共集资250万美元，从联邦政府那里无偿地取得土地及建设贷款，进行约 400 千米的铁路铺设。后来又延长约 1070 千米。艾姆兹有自己的如意算盘：在延长的铁路完成后，由信用流通公司强卖给联合太平洋铁路。

至南北战争结束时，美国约有 56000 千米长的铁路线。纽约到旧金山大约 3700 千米，全国的铁路长度差不多是它的 15 倍，34 年以后的 1899 年，又延长为原来的 5 倍以上。

联邦政府与议会首先批准联合太平洋铁路，再以它所建造的铁路为中心路线，核准另外 3 条横贯大陆的铁路路线。

第一条从苏必利尔湖，横穿明尼苏达，经过位于加拿大国界附近的蒙大拿西南部，再横越过落基山脉，到达俄勒冈的北太平洋铁路；第二条以密西西比河口的新奥尔良港为起点，横越过得克萨斯州，经墨西哥国界城市埃尔帕索到达洛杉矶，再从这里进入旧金山的南太平洋铁路；第三条由堪萨斯州溯阿肯色河，再横越科罗拉多河到达圣地亚哥的圣大菲。

与此同时，纵横交错的各种相连的铁路建设申请纷纷提出，居然有数十条之多，美洲大陆的铁路革命时代即将来临。

海外参观获益匪浅

在豪华客轮"苏格兰号"的甲板上，卡内基眺望着落日时的风景。天上晴空万里，海面风平浪静。时值5月，海风迎面拂来，令人感到心旷神怡。

世上事真是瞬息万变！想到近来的变化，卡内基不胜感叹。再过不久，乘坐伍德拉夫的卧铺车，几天就可以由纽约抵达旧金山了。

冷冻货柜车已经开始把芝加哥的牛肉、鸡肉，与明尼苏达州的蛋类运向纽约。斐浦斯拨弄着自己身上闪闪发亮的金链子，此时显得雄心勃勃，喋喋不休。

邦迪一向自命为业余艺术家。他在甲板上一直手不离开小提琴，也表达了自己的愿望，想从苏格兰前往巴黎，然后再到米兰，去欣赏一下歌剧。

用伍德拉夫的卧铺车，把伦敦和巴黎的一流银行家载往旧金山……卡内基又一次深深地感叹。

在这艘豪华客轮的头等舱中，在座的还有曼哈顿银行总裁毛里松，卡内基知道后马上致献花束，或许以后得跟他申请巨额贷款。

卡内基躺在霍姆坞德住宅前的草坪上的时候，想到在自己的人生路途中已经历了一个重大的转折，他又兴起了回丹弗姆林的念头。卡内基向两人每人要了300美元，然后在匹兹堡消失了一个星期，他回来的时候，给两个人每人3000美元。

对于如此大的回报，卡内基却若无其事地说，他在提特斯维尔卖了石油股票。他是玩石油股票的老手，但他对那污黑的东西并不感兴趣，在阿勒格尼纺织厂负责锅炉时，除了木材，他也曾使用过石油，一闻到那股刺鼻的味道，他就感到恶心。

美洲大陆现在是铁路时代！钢铁时代需要建造铁桥、火车头和钢轨，钢铁是一本万利的。他这么思索。铁路建造得越多，就越对自己有利。但是如果想垄断大陆横贯铁路的铁轨和铁桥，又要采取什么方针呢？

他带着如何实现这个梦想的思考，渡过了大西洋。

3 个旅行者背着深褐色的背包向欧洲进发了，他们先后从卡内基的故乡丹弗姆林来到伦敦，渡过了多佛尔海峡，踏上欧洲大陆前往巴黎、瑞士和罗马，在游览了庞贝古城的维苏威火山后，结束了这为期280 天的旅行。

对于卡内基，由于他此行取得了事业上的两大收获，这是他毕生中最为难忘的假期旅行。

在此之前，卡内基对绘画和雕刻一无所知，但很快他就学会了鉴别一些大画家的作品。

也许有人不会感觉到他在欣赏大师们的伟大作品时所获得的那种能力，但是当他回到美国，你会发现他开始无意识地抵制那些以前在他看来漂亮的东西，开始用一种新的标准来审视作品。那些真正的杰作给他的印象是如此之深，一切自命不凡的作品便再也没有了吸引力。

这次欧洲之行也第一次让卡内基感悟到了音乐盛宴的无穷魅力。当时伦敦的水晶宫正在庆祝韩德尔的诞辰，在此之前卡内基从来没有这样深刻地体会过音乐的魅力和壮美，而在此之后他也很少有这样的感觉。

他在水晶宫所听到的、他后来在欧洲大陆的天主教堂中所听到的，还有唱诗班的合唱，都毫无疑问地使他对音乐的鉴赏能力有了大幅度的提高。在罗马，教皇的唱诗班和教堂在圣诞节和复活节举办的庆祝活动更使他站到了音乐之巅。

这次欧洲之行对他的商业意识也极具意义。在伦敦，卡内基与他的堂弟乔治，在一位工程师的陪伴下一同参观了伦敦钢铁研究所。这之前，卡内基还不知道有关钢铁的专业知识。

他和乔治一起参观了冶炼钢铁的最新方法。这种新方法将会给今后的铁路用铁轨制造带来革命。过去先铸造成铣铁，再制作铁轨的方法，含有相当多的碳，缺乏弹性，极其容易产生裂纹。

而在伦敦所发明的这种钢材，采用一种特殊方法，在炉中以低温还原矿石时，除去了碳和其他杂质。这样，可以增加约 1/3 的纯度，能够大大地延长铁轨的使用年限。

他已经和道兹兄弟签约买下了美国的专利，这项专利的价值至少值 5000 磅黄金。他听说在德国莱茵也运用了道兹兄弟发明的这项制造钢铁的专利，所以他又打算和乔治一起去参观。

还有一个收获，也是乔治介绍的，就是在英国取得的关于焦炭洗涤还原法的专利，他也买下了这项专利。他肯定这些行动将会带来金黄的果实。

焦炭这种有小孔的煤渣，在匹兹堡都被丢掉了。如果把它们仔细洗涤，再燃烧煤渣等到熔解之后再沥上水，经过干馏后还可以再作为煤，用来制造钢铁。如果把它当作制铁用的燃料，用少量的石灰石就可以解决。

卡内基告诉他弟弟，在他回国以前要办妥以下几件事。

一是和汤姆·斯考特秘密签订为期 10 年的收购所有匹兹堡铁路煤渣的合同。这可以带来巨额利润！

二是已经收到了联合太平洋铁路即将开工的报告，立即转告汤姆·斯考特，马上与联合太平洋铁路公司董事长艾姆兹签订合同，独占伍德拉夫卧铺车公司。

三是应该立即开发南方发展的需求，英国对南方很有兴趣，马上前往田纳西州的纳什维尔、曼菲斯和维克斯堡——北方事业家对这 3

个城市还抱有反感，迅速垄断联合制铁的合同。

卡内基一行经巴黎前往瑞士作为期 10 天的旅行时，他的身体不佳，不得不与乔治他们一同在巴黎休息，同时，他给在匹兹堡的弟弟汤姆写了信。

22 岁的汤姆留守匹兹堡，肩负重任，但他虽和卡内基是同胞兄弟，却生性保守谨慎，收到信以后，他忠实地遵照那富于冒险精神的哥哥的指示，毫不迟疑。

于是，1871 年 12 月，卡内基开始筹集资金，在宾夕法尼亚铁路沿线建了几家工厂。卡内基与几家主要的煤炭公司签订了长达 10 年的合同，他们为卡内基提供煤渣。另外卡内基还需要铁路公司的运输，也与他们签订了合同。

劳德先生来到了匹兹堡，并且好几年主管这个项目整个的运行，还开始建造美国第一台洗煤机。他获得了成功，在采矿和机械设备领域他向来都能出色地完成任务，很快他就将建厂的投资收回了。

难怪后来卡内基的合伙人要把焦炭厂纳入他们的集团公司，他不仅仅想拥有工厂，也想得到回馈社会的"慈善家"之誉，他已经声名卓著。

卡内基的炼焦炉数量不断增加，直至后来他们已经拥有了 500座，每天能够洗煤 1500 吨。

每次说起炼焦炉的时候，卡内基都会有这样一种感觉：如果一个人使先前只长出一棵草的地方长出了两棵，就算得上有功于人类，那么，那些从扔掉的废料中生产出来优质焦炭的人完全有理由为自己庆祝。变废为宝，点石成金，这是一件美妙的事情。而能在我们这块大陆上成为这样一个先驱者，也是很了不起的。

参与美国关税法案

卡内基以前一直认为公司应该扩大钢铁厂的规模，许多与钢铁制造业息息相关的新兴行业也应该得到发展，而当时这些还正处于发展初期。所有对钢铁行业未来的担心都随着美国在进口关税上的举措而烟消云散。

卡内基清楚地认识到："内战已经使美国人民下定决心，建立一个独立自主的国家，任何与国家安全有实质联系的产业都不能依赖欧洲。美国所有形式的钢材和所需要的大部分铁一度依赖进口，英国是最大的供应国。美国人民强烈要求自足，国会决定向进口钢轨按价征收 28% 的关税——相当于每吨 28 美元，当时钢轨每吨可卖到 100 美元。其他物品也按相应比例征收。"

在美国制造业的发展中，保护起到了很重要的作用。在内战以前，这还只是一个政党之间的问题。南方主张自由贸易，而北方则认为征收进口税是必要的。英国政府对邦联体制的支持，在它从阿拉巴马和其他一些攻击英美商业的武装民船中逃离出来之后达到了顶点。

由此美国人民对英国政府产生了敌意，尽管大部分的英国人民支持并喜爱美国。如今征收关税已经不再是一个政党的问题了，而是一项国家的政策，受到两个政党的一致支持。关税变成了爱国税，有利于经济发展。国会中的 90 多个北方民主党议员，包括议长都赞成这一点。

资本毫不迟疑地登上制造业这艘大船，自信得就像国家会尽一切可能保护它一样。

内战后的几年中，降低税率的呼声开始高涨，卡内基也不可避免地卷入了这场争论。经常有人指责，制造业主贿赂议员的现象很普遍。但卡内基认为这种说法没有任何根据。

除了维持钢铁协会每年所需的几千美元之外，他们从来没有为任何目的集过资。他们只不过为一次保护贸易对抗自由贸易的活动捐了款。

在卡内基的大力支持下，钢材的进口税持续下降，到后来降到了先前的1/4，每吨7美元。至1911年时，进口税又降了一半，即便如此，在接下来的方案中还要得到继续修改。

克利夫兰总统为通过一项新的激烈的税则所做出的努力很有趣。他在很多地方降税太多，如果他获得通过的话，那么将会有多家而不是一家制造商受到损害。

卡内基被召往华盛顿，准备对威尔逊法进行修改，提高税率。参议员高曼、纽约州州长弗劳尔和许多出色的民主党人都和卡内基一样是坚定的适度贸易保护论者。

他们倾向于反对威尔逊法，因为它过于严厉，降税太过厉害，肯定会阻碍国内的一些工业。

高曼议院对卡内基表示，他希望卡内基尽量减少对本国生产商的损害，他还说他的同事们对卡内基有信心，如果税率能够大幅度降低，参议员们又一致支持这一法案的话，那么在钢铁的税率上，他们将接受卡内基的引导。

宾夕法尼亚州州长弗劳尔也持同样的看法，让他们党同意卡内基所提议的大幅度降税，这没有丝毫困难。

威尔逊—高曼关税案获得了通过。后来卡内基会面高曼参议员，他解释说，他必须给棉花包让路，以确保一些南方参议员的利益。棉花包须免关税，所以，关税立法获得通过。

在内战刚结束的时候，卡内基还尚未出名，在制造业中的影响力还不够参加关税法的制定，所以他总是在扮演一个无足轻重的赞成者角色。

　　卡内基一向反对极端主义，既反对那些认为关税越高越好，对所有的减税措施一概抨击的非理性的贸易保护主义者，也反对那些抵制一切关税，倡导无限自由贸易的极端分子。

　　1907 年，卡内基公司有能力应对国家废除在钢铁上的一切进口税，而不会有任何损害。高额关税在美国工业发展的初期是必要的。

　　欧洲没有多少剩余的产品，所以，即便这里的钢铁价格大幅度上涨，人们也只能从欧洲进口少数的钢铁产品，甚至这还可能导致欧洲钢铁产品价格上涨，国内的制造工业不会受到影响。

　　自由贸易只有在需求过量的时候才会妨碍国内钢铁价格的上涨。对于自由贸易，国内的制造商们无须害怕。

全力向钢铁业进军

卡内基旅行归国以后，就像是重新上了发条的机械一样，发疯似的行动起来，向钢铁发起了进攻。

不久，在联合制铁厂里，矗立起一座22.5米高的怪物，这是当时最大的熔矿炉，取了汤姆的未婚妻的名字，命名为"露西炉"。

露西炉建造耗资巨大，超出预算两倍，投资者对此都感到提心吊胆，生怕把老本都赔进去。但是卡内基的努力让这些担心都多余了，他大刀阔斧地行动：聘请化学专家驻厂，检验买进的矿石、石灰石和焦炭的品质，使产品、零件及原料的检测系统组织化。

在当时，从原料的购入到产品的卖出，往往处于混乱的状态，到结账时才知道盈亏，完全没有什么科学的经营方法。卡内基大力整顿，在工厂管理方面已改变了那种不周密的管理方式，贯彻了各层次职责分明的高效率的概念，大大提高了生产力。

但在这期间也发生了意外的事。卡内基的好友汤姆·米勒找到卡内基，拿出了一份辞职书。

看到事情已无法挽回，卡内基不再挽留汤姆，他买下了他的股份，支付的金额比实际票价高。但对于汤姆而言，把联合制铁股票放弃，无疑已损失了数百万美元、数千万美元甚至现在以亿美元来计算了。

在寒冷的北风吹拂下，中央公园内夜深人静，万籁俱寂，落叶四处飘飞，不久又平静了下来。

号称当代第一饭店的纽约圣尼古拉斯大饭店，是一座刻有希腊风格雕刻的科林斯建筑，全部由大理石建成，富丽堂皇，天花板上悬挂着意大利制的冕形灯，把殿堂照耀得灯火通明。

吃过夜宵，卡内基坐在餐厅的一个角落里独自静静地看报纸，而这时在他对面的另一个角落，年龄与他差不多的乔治·普尔曼也在独自享用点心。

当这位绅士吃完点心匆匆离去后，卡内基快步跟出门外，尾随他并且打了招呼。

乔治·普尔曼的父亲以制造橱柜为业，住在纽约州比较偏远的乡下。普尔曼后来到了芝加哥，从事马车木匠的工作，由于乘坐过伍德拉夫的卧铺车，对这种卧铺车发生了兴趣，不久和地方的小铁路洽谈，收取了 1000 元的加工费，将普通客车改为卧铺车，得到芝加哥大铁路商人的赏识。

后来因为科罗拉多在 1859 年发现金矿，普尔曼就马上放下卧铺车的工作，带着铁铲等工具赶往科罗拉多。不过在那里他开的工具店比挖掘金块还要赚钱，当他存下 20000 美元钱时又回来再向卧铺车挑战。

这回，他依照伍德拉夫的设计，制造新式的卧铺车，他所制成的普尔曼皇宫车是一种宽敞的卧铺车，这使他获得了很大的成功。

如今，在美国各地奔驰的卧铺车就叫作"普尔曼车"。联合太平洋铁路准备在圣尼古拉斯大饭店召开董事会，将决定这条横贯大陆的铁路向外订购的卧铺车。

卡内基知道了这个情况之后立即在这家饭店订了一个房间，但还没来得及与艾姆兹直接交涉，又得知订单已下给了普尔曼。他提出与普尔曼联合成立普尔曼皇宫车公司。

事实上，果然不出卡内基所料，仅仅 5 年以后，汤姆·斯考特便占据了联合太平洋铁路。

产生急流勇退想法

随着卡内基的商业活动继续膨胀，他需要更频繁地去东部，尤其是纽约，它在美国就像伦敦在英国一样重要——美国真正重要的大公司都把总部设在那里。似乎不在纽约设立代表处，大公司就不能良好发展。

卡内基的弟弟和斐浦斯已经完全掌管了匹兹堡的业务。对他来说，似乎只要关注一下公司整体政策，以及参与重要的合同谈判就可以了。

汤姆与克鲁曼的千金结婚了，克鲁曼小姐的父亲是卡内基最可贵的一个合伙人和朋友。

卡内基将位于匹兹堡郊外霍姆坞德镇的家让给了新婚夫妇，离开匹兹堡，自己和母亲搬到了纽约。对他来说，这个变化是痛苦的，而对他母亲来说则更加难以接受。但是她依然还年富力强，不管到哪里，只要和卡内基在一起，大家就会很高兴。她依然满怀离愁别绪。

在纽约，卡内基一家面对的是完全陌生的环境，一开始，他们把住处安在圣尼古拉斯旅馆，它在当时十分有名。

后来卡内基在百老汇街开了一个办公室。由于需要乘列车频繁来往于匹兹堡和纽约之间，他的工作日渐繁忙。同时，他在爱荷华也承揽了密西西比河的造桥工程，在美国中西部各地，铁桥的订单也逐日增多。

匹兹堡的朋友们有时来纽约，卡内基都会感到非常高兴，这也是到纽约之后能让他感到快乐的主要事情了，匹兹堡的报纸也是不可少的。

卡内基频繁地奔赴匹兹堡，母亲也总是与他同往，这样他们和老家的联系便一直保持着。

但是过了一阵之后，他们就有了新朋友，也有了一些新的兴趣爱好，对于纽约也渐渐开始有家的感觉了。后来圣尼古拉斯旅馆的老板在城外开了一家温莎旅馆，他们就搬到了那里。

但是事情似乎起了什么变化。1866 年 12 月底的一天，卡内基默默地写下了这样一个备忘录：

年龄 33 岁，年收入超过了 50000 美元，这两年间事业发展顺利，但现在想发奋读书，计划前往牛津大学深造，也想购买伦敦报纸的股票。

人必须崇拜点什么，崇拜财富是最丑陋的行为。对于我，现在继续发展事业，在一段时期内还会积累更多的财富，但这会不会让我堕落下去呢？因此，我打算在 35 岁以前退休，现在离退休还有两年，以后，每天至少应在工作后抽出一小时高效率地学习，专心致志地读书。

这是这个钢铁大王、大实业家卡内基的突然转变。在那个时代，50000 美元的年收入到现在要以亿来计算，在匹兹堡的纳税排行榜上，卡内基始终高居榜首。

卡内基在那里一直住到 1887 年，直至他们在纽约有了新家为止。老板霍克先生成为他们的朋友，他的侄子和那个与他同名的人也同样如此。

在纽约，对卡内基影响最深、使他获益最大的是帕尔默夫妇组织的"19 世纪俱乐部"。俱乐部在他们家集会，讨论各种各样的问题，这很快便吸引了许多杰出人士。

卡内基能成为它的成员多亏了伯塔夫人的推荐，她是一位很出色的女性，伯塔教授的妻子，他们家的客厅更像一个沙龙。

有一天，卡内基应邀参加伯塔家的聚会，这对卡内基来说是一个莫大的荣幸。也就是在那里，卡内基第一次认识了很多杰出的人物，在他们之中有当时康奈尔大学的校长，后来被派往俄国和德国做大使的安德鲁·怀特，他还是海牙和平会议的美国代表团团长，也是卡内基的终生好友和顾问。

这里，19世纪俱乐部事实上是一个舞台。会员们非常正式地讨论当天的主要议题，并且依次向听众们演说。

参与的人越来越多，私人的房间很快就容纳不下了。于是，每月一次的会议改在美国艺术馆举行。

卡内基记得他第一次发言的主题是"金钱贵族"，托马斯·文特沃森·希金森上校是第一个发言者。这是卡内基第一次被介绍给纽约的观众，后来，他就时不时地发表演说，这是一个非常好的训练，因为每一次出场演讲，都需要精心准备，大量的阅读和研究是必不可少的。

卡内基在匹兹堡生活了很长时间，学习并且发展自己的制造业，与投机生意比起来，他把它看成是一种实业、一种精神。在匹兹堡当电报员的经历使卡内基学到了各种知识，使他认识了当时在匹兹堡有限的几个通过纽约股票交易所从事股票交易的人和公司，卡内基怀着浓厚的兴趣关注着他们。

第一个雇用化学家的企业

在相当长的一段时间里，在生铁的制造业中，化学的作用竟然不为人知，这实在令人难以置信。而这本应该是最为重要的一环。

那时候，高炉经理普遍很粗鲁，通常是外国人，这些人本事未必有多少，但是打人却是一把好手。谁要是敢犯错或是被他看着不顺眼，他便会粗鲁地将其打倒，以示教训。

他还被认为本能地可以诊断高炉状况，具有预言的超能力。据说他们仅凭借一根榛树枝就可知道哪里是油井和水源。

斐浦斯先生特别关照露西高炉，他每天都要去探视一番，这使得卡内基免去了不少麻烦。

并不是说卡内基的高炉运行得不如西方其他的高炉良好，不能产生较好的效益，而是因为，与其他的高炉比起来，它更加庞大，一点小小的异常都可能产生非常严重的后果。

周日早晨当父亲和妹妹走向教堂做礼拜时，卡内基的合伙人还是雷打不动地去查看露西高炉。即使他去了教堂，他最虔诚的祈祷也只会与露西高炉有关，他时刻都在想着高炉的种种状况。

卡内基要找一个化学家来做科里先生的助手和顾问。他找到了一个很有学问的德国人——弗里克博士。

他向卡内基揭开了许多秘密。有些著名矿山开采出来的铁矿石，其铁含量要比原先估计的低10%至15%，有时甚至是20%，而原来那些劣质铁矿却出产着优质的矿石。先前好的现在却变差了，差的反而成了好的。一切都被颠倒了过来，显得乱七八糟的。可是在化学之光的照耀下，关于生铁冶炼的90%的疑团都被驱散了。

那一时期，竞争十分激烈，这就要求公司生产出最好的产品。然而卡内基的高炉却在此时停产了，因为他们使用一种含量很高、很纯的铁矿石代替一种次等的铁矿石，这种铁矿石的出铁量比其他的矿石要高出 2/3。

但是，这种高纯矿石需要太多的石灰来溶解，如此一来，卡内基的高炉遭到了很大的破坏。优质的原料反而使得他们陷入了严重的亏损。

几年之后，卡内基的工厂开始用化学来指导生产，而其他高炉的经营者则说他们无法承受雇用一个化学家的费用。

而卡内基认为，没有化学家的指引，他们才真正无法承受。于是卡内基成了的钢铁公司第一个雇用化学家的企业。

露西高炉很快又成为卡内基盈利最丰的部门，因为在科学管理上，卡内基几乎处于绝对的垄断地位。

认识到这一点，1872 年，卡内基就决定再建一座这样的高炉。这一次的成本节省了许多。那些没人要的矿石在卡内基这儿找到了销路，而那些高价的所谓优质矿石则再也进不了他们的厂门了。

但是福祸相依，在化学家的建议下，卡内基就曾转祸为福。密苏里州有一家著名的铁矿，被称为飞行员旋钮矿，它的产品不受欢迎，据说只有一少部分可以用，其他的会阻塞高炉。

化学家告诉他说这里的矿石含磷太少，但是富含硅，如果正确地

加以提炼的话，它的铁含量也相当高，极少有其他矿石可与之匹敌。于是，卡内基大量购入这种矿石，而矿山老板还千恩万谢。

令人难以置信的是，有好多年卡内基将自己富含磷的炉渣高价卖掉，然后从对手那里买入铁含量高但较少含磷的炉渣。

有时候，高炉要尝试着冶炼烟道炉渣，纯度已经很低，高炉很难再使之提高纯度。因此，有很多年，卡内基的竞争对手都认为他们缺乏价值而扔在河堤上。有时候，卡内基还能用贫矿换到好矿，并从中获利。

但是，还有一种同样毫无根据的偏见，更不可思议，那就是人们认为氧化皮无法利用，而事实上，这是一种铁的纯氧化物。

卡内基有个朋友，同是丹弗姆林的老乡，即克利夫兰的奇泽姆先生。他们在一起的时候总是玩笑打闹。

有一天，卡内基去参观他在克利夫兰的工厂，他看到有人正将这极有价值的氧化皮装车运走，便问奇泽姆先生，他们要将这运到哪里去？

他回答说："把它们扔到河边，如果把它们放进熔炉，我们的经理会抱怨他的坏运气。"

卡内基什么也没说，但回到匹兹堡后，他决定和这位朋友开个玩笑。

当时卡内基的公司有个年轻人叫杜·普维，他的父亲正在匹兹堡试验自己发明的一种炼铁程序，并因此而闻名。卡内基派杜·普维去克利夫兰与这位朋友洽谈购买所有的氧化皮。杜·普维最后以每吨5美元的价格顺利完成了任务，并且直接装船运走。

这样的收购持续了一段时期，卡内基一直希望他这位朋友能察觉这个玩笑，但在卡内基还没能告诉他之前，奇泽姆先生便去世了。

奇泽姆的继任者上来之后，卡内基与他们的交易照例进行。

卡内基从未停止过对贝西默炼钢法进行密切关注，如果成功，那么铁的重要性毫无疑问将让位于钢。

铁的时代将会消逝，钢的时代就会来临。

卡内基的一位朋友，约翰·怀特，是列维斯顿自由铁厂的总经理。为了调查这一新工艺，他特意去了趟英国。他是他们之中最好的也是最有经验的制造业主之一。

他极力促使他的工厂建立贝西默式炼钢厂。他的决定是对的，只不过略微性急了一点。

所需要的资金远远超过了他的预计，不仅如此，由于贝西默炼钢法在英国尚处于试验阶段，要想把它移植到美国，并一举成功，有点不太现实。这个试验阶段会历时很长而且代价高昂，对此，卡内基的这位朋友还没有做好充分的准备。

后来，当这一方法在英国试验成功，并应用在钢铁工业上时，资本家们开始在哈利斯堡兴建现在的宾夕法尼亚钢铁公司。同样的，他们也得经历试验阶段，如果在关键时刻这个钢厂得不到宾夕法尼亚铁路公司的支持，那它就会胎死腹中。

正是汤姆森总裁，这个目光远大而又才能卓著的人，向董事会建议，向钢厂投资 60 万元，以保证日后铁路所需的钢轨供应。最后的结果证明了他这一决断的正确性。

用什么来做铁轨的替代品是困扰宾夕法尼亚铁路公司和其他重要铁路公司的一个大问题。

卡内基曾注意到，在匹兹堡铁路的某些曲线路段以及连接宾夕法尼亚和韦恩堡的路段中，每隔 6 个礼拜或者两个月就要更换新的铁轨。

有一位伦敦工程师贝西默在熔矿炉中，用冷风吹袭由矿石熔解的铣铁，用来除去其中的碳、矽等杂质。

在 1856 年，贝西默发明了炼钢法。急于求功的贝西默，这时已完全忘记钢铁中还残留着磷这回事。他广为散发小册子，甚至在美国宣传这种可用来制造刀子、剃刀及手术刀等材料的钢铁新产品。

1862 年，南北战争爆发的第二年，经过多次改良后的贝西默钢铁进入了美国，被用来制造铁轨。

汤姆·斯考特知道这回事，所以，当卡内基从欧洲旅行归国后，得意扬扬地报告贝西默钢铁将取代铸铁和铣铁时代的时候，他只微笑着，没有附和他。

斯考特说："我不仅知道贝西默的方法，而且，还请伦敦寄来新的韦伯法专利权，目前正在实验中，打前锋现在为时尚早。打前锋一定会亏的，你让别人先走，然后再伺机赶过他。"

弟弟汤姆不仅赞同斯考特的意见，而且反应更为消极。他不理卡内基。卡内基从伦敦回来后，关于去牛津大学留学和 35 岁就要退休的莫名其妙的话，还有关于什么钢铁的设想时时困扰着他。他认为钢铁还在实验阶段，露西炉不知怎么办好。

卡内基则认为现在正是钢铁时代，应捷足先登。汤姆该去伦敦参观参观，增加些见识。但是汤姆要守着世界最大的露西熔铁炉，守着制造铣铁。

因为磷的关系，贝西默花了 9 年时间，最后才发明有效的除炭方法。而道兹兄弟也在磷的大障碍之前，进退维谷，半途而废。但他们的专利权，并不是全然被排除在外。

在这种情况下，对于磷的处理，如果卡内基没有从密歇根州苏必利尔湖畔的矿山中，发现无磷的铁磁盘石，或者如果他听从了弟弟汤姆和斯考特的忠告，没有买下钢铁的专利权，并热衷于研究先行投资的话，卡内基会不会真的如他的宣言所说，在 35 岁时，从事业的巅峰退休呢？或者在不久之后，成为美国大恐慌之下的牺牲者，而宣告破产呢？

若是这样的话，那他的名字就不会流传到今天，不会成为钢铁大王了。

鸿运是从五大湖的左岸飞来的。

华盛顿联邦政府的地质调查官巴特最初发现苏必利尔湖畔的铁矿山。而康涅狄格州的农民威礼特在发掘 4 年后，相信矿品中有金银，所以买下采矿权。

矿石具有优质成分，最重要的是不含磷，这是制造钢铁的必备条件。当时，东部的铣铁制造业者，购买的是康涅狄格州的农夫卖给他们的普通的铁矿石。

在当时，巴尔的摩、俄亥俄铁路与宾夕法尼亚铁路以及纽约中央铁路并称为"美国三大干线"。从这条铁路的董事长加勒特手中，卡内基获得建造跨越俄亥俄河的两座大铁桥的订单。

吉斯通桥梁公司圆满完成在灰林镇及帕克斯堡两个城市建造桥梁的工程，使全美刮目相看。

但在卡内基的头脑里，仍离不开钢铁。在庆功宴上，接受股东祝福的卡内基干杯时说："在密苏里河及密西西比河上，也要建造更大的铁桥！我要弟弟汤姆去照顾钢铁工厂，保守的汤姆丝毫没有妥协的余地，他要留在露西熔铁炉。"

斐浦斯也这样说。而且他提到铣铁专家克鲁曼一派也表示强烈反对。

卡内基毫不退却，决意干下去。将一位女儿嫁给汤姆的克鲁曼，在苏必利尔湖畔拥有煤矿。他对煤渣可用作制钢的燃料、可再生焦炭的说法，极感兴趣。粗犷的他对钢这种新产品显示出强烈的关心。

这时贪得无厌的克鲁曼乘势对卡内基说："在匹兹堡南方约 19 千米的英农卡黑拉河南岸的布罗多克，土地便宜，与俄亥俄河联络很方便，又有道路通往匹兹堡，可以买下作为钢铁厂的用地。"

被他粗犷的语言所刺激的卡内基不知所云。他精神又恢复了，决定买下布罗多克作为工厂用地。

也许是因为苏必利尔湖畔的铁矿石不含磷的秘密被公开了的原因

吧，汤姆·斯考特与汤姆森加入建造这座钢铁厂。

当卡内基一家迁居阿勒格尼的时候，有位麦坎德莱斯先生曾热心地帮助过卡内基的母亲，现在他是匹兹堡有实力的银行家，也参加投资兴建。

堂弟乔治也由丹弗姆林来美，参加工厂建设，改良后的道兹专利法，也可使用，再加上汤姆·斯考特所实验的韦伯法及贝西默法，3种方法并用。同时，有必要重新加以研究。

当初的资本额 70 万美元。卡内基投资 25 万美元，占资本额的 1/3，是大股东，克鲁曼投资 10 万美元，其他的投资者则在 5 万美元以内。公司取宾夕法尼铁路汤姆森的名字，起名"艾加·汤姆森钢铁"。起初汤姆森坚持不肯，但终于被说服了。

很显然，由宾夕法尼亚铁路下钢轨的订单是必要的。但汤姆森与斯考特之间，从那时起逐渐出现小裂缝，没隔多久，两人就分道扬镳了。

与斯考特分道扬镳

南北战争后的南部开发吸引着汤姆·斯考特。他通过他所创立的南方开发公司这家控股公司，参与洛克菲勒垄断的石油输送战略工作，并筹划铁路大联盟。他那时着手进行和新泽西铁路合并的工作，以使宾夕法尼亚铁路延伸至纽约。

事有凑巧，斯考特又成功地夺取了联合太平洋铁路。

这时，宾夕法尼亚铁路不仅意图延伸至纽约，也插手南方的大西洋海岸线铁路建设计划。同时，他以个人名义，建造得克萨斯太平洋铁路，获得政府与议会的同意后，欲经由南方伸向太平洋岸。

在南北战争时颇获好评的斯考特，他的野心就像气球一样，不断地膨胀，过于膨胀的气球，几时会爆炸呢？令人为之捏把冷汗。

这时，汤姆森在铁路大王顾尔德的诱惑下，秘密地将他所持有的联合太平洋铁路的股票卖给顾尔德。这导致上任一年后，斯考特便从联合太平洋铁路董事长的宝座上跌落下来。

汤姆·斯考特求助于卡内基，卡内基正在为了设立钢铁公司夜以继日，忙得团团转，他收到斯考特这封唐突并且过分恭维的电报后，仍然立即由纽约赶往费城。

原来得克萨斯太平洋公司有一笔巨额贷款已经到期，摩根银行答应续借，但前提是卡内基必须加入借款方。

卡内基刚一踏进斯考特的办公室，就惊得呆立不动，他的脚好像竟然不听使唤。他第一次看到斯考特的脸色这般铁青，在他的旁边，坐着傲然挺胸的摩根。

身材高大的摩根，肩膀较一般人宽厚。更给人深刻印象的是他那特大号的宽额和会令人联想起虎头来，只要见过一次，就很难忘记。

他有着一头浓密的毛发，现在嘴里叼着一根黑色的大雪茄，正吞云吐雾。

被称为百年才出一个的这位华尔街新兴投资家，先向卡内基打招呼。卡内基认识这位比他小一岁半的摩根。卡内基记得在承建俄亥俄河的桥梁时，摩根曾在华尔街委托他发行公债。

这时，摩根单刀直入地说："斯考特先生的得克萨斯太平洋铁路的公司资本额是 25 万美元……想必您知道？"

卡内基已明了其中原委。

摩根咬了一下雪茄，凝视着卡内基说："他曾在我的银行贷过款，现在借期届满，必须更新契约。假如你愿意在票据上签字，现在就可以更新续借。"

卡内基看着长他 10 岁的斯考特，不知他为何这般卑躬屈膝。当斯考特跟卡内基坦白地说出计划兴建得克萨斯太平洋铁路，并且已被同意兴建时，卡内基就看出各地的铁路建设计划陷入"战国时代"。预知这股一窝蜂的投机热潮，将会招致经济恐慌，因而向逞强的斯考特提出忠告："要自己拿出钱来投资。"

卡内基拒绝了这项投资。

然后，朋友们质问卡内基为何拒绝拉他们一把，难道真要看着他们坠入深渊？

这是卡内基一生中最为难过的时刻，他一点也不愿意卷入这件事。他认为自己的所有资金都被投进了制造业当中，每一美元钱对他来说都必不可少。他是个资本家，他的资本投入关系到公司的成败。他的弟弟、斐浦斯、克鲁曼，还有他们的家人，似乎正站在他的面前，卡内基认为自己必须保护他们的利益。

卡内基告诉斯考特先生说他已尽力阻止他在获得足够的资金之前开始这一庞大的工程的建设。卡内基坚持认为，仅靠暂时的贷款建不成几千千米的铁路。另外，他已经支付 25 万美元购买了一些股份。但是这世界上没有什么东西可以让卡内基犯下过错，为这个建筑公司签下这一协议，而不考虑卡内基自己的公司。

卡内基也意识到，在 60 天内根本无法偿还摩根银行的贷款，甚至支付自己的那一部分。另外，除了这笔贷款，自那以后卡内基要考虑的还有其他 6 笔贷款。

卡内基和斯考特先生在生意场上彻底地分道扬镳了，这比卡内基所经受的所有磨难都痛苦。

南北战争后，1873 年开始的经济恐慌，证明卡内基的判断是正确的。虽然不出他的意料之外，但在钢铁的制造还未就绪的情况下，这一猛烈袭来的大恐慌，迫使他卖掉大部分的普尔曼卧铺车制造公司及吉斯通桥梁公司的股票，以渡过危机。

1873 年的恐慌，可与 1929 年的大恐慌相比，非常不景气。由于此事，卡内基与斯考特的友谊趋于冷淡。

此后不久，灾难降临了，那些被认为是最有实力的人的突然逝世，震惊了全国。

两年后汤姆森死亡，而斯考特也于 1878 年因脑中风撒手归西。

卡内基怀疑斯考特先生的突然早逝源于他不堪忍受这样的耻辱。他是一个很感性却不骄傲的人。看起来正在迫近的失败对他来说是一个致命的打击。麦克马内斯先生和贝尔德先生也是他的合伙人，同样，他们不久也逝世了。这两个人和他一样都是制造业主，本不应该涉足铁路工业。

还在卡内基当电报信差的时候，他就在斯考特大力提拔下，共同分享他们的战果。促使两人分手的原因，并不只是因摩根介入而引起的得克萨斯太平洋铁路的票据签字事件。

早在 1868 年、1869 年的时候，两人就因利害关系而发生过纠纷。更严重的是，在扩大事业的构思方面，他们产生了很大的分歧。如果说票据签字事件是造成两人正式决裂的导火线，而真正困难无比的事却是友好地共同合作。

对于此事，卡内基在《自传》中作了如下总结：

在商海中航行，没有比签署商业合同更危险的礁石了，一着不慎，便可能触礁身亡。如果常常思考这两个问题的话，这还是很容易避免的：我是否有足够的资金来冒险；我是否甘心为朋友而损失这笔钱。

如果两个回答都是肯定的，那么就去做吧！反之则别做。如果他足够明智，并且可以十分肯定地回答第一个问题，那么他就可以想一想，按朋友的请求投入他所有的钱会不会更好。答案一定是肯定的。

一个人只要还有责任和债务，那他就应该为债权人的信赖而小心翼翼地支配他的钱。

应对经济萧条的来袭

1873 年大萧条的突然袭来，绝不是偶然的。

这时的华尔街显现出如 1849 年加州的淘金热，与提特斯维尔开采到石油的热潮混合产生出了如痴如狂的景象。许多的大陆纵横铁路特权互相纠缠，投机风又一次掀起波澜。

投资银行在操纵南北战争时期的战时公债、战后的铁路公债及其国有公司债方面，获取了两三次的重复利润。

政府公债的年息是 6 厘，投资银行购买这种公债，赚取中间利润是肯定的。但如果以这些公债做担保预托给政府，投资银行可以发行公债80％的银行券。企业家贷取到发行的银行券，银行又赚取了一次利润。此外，公债与公司债的承兑手续费，银行又可以获取第三次利润。

华尔街位于曼哈顿岛突出部分，在那里除了有专门的投资者外，还有依靠矿山发迹的暴发户、各种不法之徒。

格兰特将军是南北战争造就的英雄，当他成为美国第十八任总统时，这位战功卓著的将军即与华尔街的黄金、威士忌的投机分子挂上了钩，联合太平洋铁路的艾姆兹所开设的信用流通公司，也传出了牵连政府的各种丑闻和内幕。

麦隆银行总裁托马斯·麦隆做了记录："在 1873 年 9 月 18 日午后，他在匹兹堡的办公室中，听到吉·库克银行破产的消息。"

纽约与费城发生大恐慌，和库克铁路事业无关的麦隆，并不像他人一样狼狈不堪，往后遭受重大打击的案例一定层出不穷，而他则是冷静的。

麦隆拥有的磐石般稳固的财阀基础，让他安全地行走在轨道上，而在纽约和匹兹堡情况却迥然不同，银行倒闭，证券交易所关门，各地的铁路工程支付款项中断，现场施工戛然而止，铁矿山及煤矿相继歇业。

克鲁曼也同样遭到破产的噩运，他前来找卡内基说："对不起，我投入钢铁公司的股金能不能还给我？"

这位联合制铁的有力伙伴的失败，对于卡内基来说，是一个沉重的打击。他曾以个人的名义，投资别的钢铁事业和煤矿。但是，这两家公司都倒闭了。

在逆境中，一贯强硬的克鲁曼变得一蹶不振。股票大幅下跌，钢铁的制造也不尽如人意，倒霉事件接踵而至。

卡内基却意气风发。

他断言："在经济恐慌的背景下，才能廉价买到钢铁厂的建材，工资也比较便宜。其他制铁公司相继倒闭，向钢铁挑战的东部企业家也不再插手。这是千载难逢的好机会。"

这时的卡内基，已没有闲情去实践他 35 岁退休、前往牛津留学的愿望了。

当初被卡内基拉拢过来，和伍德拉夫合并成一家公司的普尔曼，不知从哪听到的情报，也跑来向卡内基报告说："艾姆兹的联合太平洋铁路好像快破产了。"

卡内基听到这个突如其来的消息，半信半疑。

普尔曼信心十足地说："他急需 60 万美元，又不便去华尔街，还在等待卡内基先生伸手援助。"

听完普尔曼的话，卡内基决定冒险。而他也正是在这件事以后，开始认为投机属于"寄生虫行为"，从此极端讨厌做这种投资。

他把普尔曼带来的情报，首先通告了宾夕法尼亚铁路的汤姆森，而不是斯考特。当时他们两人的关系还未破裂，但从这一件事看，卡内基的心态也可想而知。

斯考特从汤姆森那儿知道这个情报后，投资会议讨论通过。卡内基、普尔曼和斯考特三人，以担保方式，保管联合太平洋铁路 300 万美元股份，并贷款 60 万美元给他。

"这样一来，联合太平洋铁路终将落在我们的手里！"普尔曼扬扬得意。后来不知是谁把这个秘密泄露到华尔街。他们说，斯考特言行可疑，不知会发生什么！于是他们着手调查卡内基等人所担保的股票。

与此同时，在华尔街，联合太平洋铁路的股票在一个晚上，突然暴涨，斯考特乘机卖掉了手中持有的股票。

普尔曼知道了后，恼怒地指责斯考特，说他违反约定，并且涉嫌侵占、渎职。由于他卖掉了股份，斯考特在联合太平洋铁路的职位也被撤销了。但他却若无其事。

不久，普尔曼卧铺车制造公司改名为"中央运输公司"。

这一天，铁路大王顾尔德拜访了卡内基，他谈吐颇有风度，很文雅，留着浓浓的黑胡须。

他说知道了斯考特的事情，真是太不像话。而且说如果由卡内基代替当宾夕法尼亚铁路董事长，他可以买下这条铁路。

对于斯考特的背信弃义行径，居中进行协调的卡内基也感到很不高兴，但当他听到这一番话时，仍是大吃一惊。当时以顾尔德的实力的确有能力办到这件事。这个制革店出身的铁路大王是想搞垮斯考特，并控制宾夕法尼亚铁路和联合太平洋铁路。

卡内基拒绝了顾尔德的建议，但是，他没有向铁路大王说明这是因为他早已断然从非生产的投资圈中脱离，下决心不再炒股票了。他现在正致力于钢铁事业，的确抽不出身。

善于选拔任用人才

卡内基有一位能干的技师霍利，实在非常幸运。

《钢铁传奇》杂志有一段记载说：亚历山大·霍利年约30岁，如希腊英雄般英俊潇洒，不仅外貌飘逸，而且还具有女性般温柔的性格和天才的头脑，怀有高超的制造钢铁技术，在美洲及欧洲备受尊敬。

他来往于芝加哥、匹兹堡、哈立斯堡和圣路易等地，产生了大主教参礼圣地的效果。他所到之处，美国各地的技术随之改良。他似乎踏入黄金的河床，掏取钢铁的财宝，给匹兹堡带来了亿万财富。

卡内基和霍利一同来到伦敦，走进摩根设在伦敦庞德街的办事处，他们的目的并不是做投机生意。霍利首先对制造钢铁所需要的新设备计划作了一个概要的说明。

然后卡内基说他打算进行一个百万美元的投资，建造贝西默式5吨转炉两座、旋转炉一座，再加上西门子式5吨熔铁炉两座……还有瓦斯生产器和电气钢铁设备……

新工厂的生产能力从1875年1月开始，铁路用钢轨年产将达到30000吨，每吨制造成本大约69美元，钢轨准确的平均成本大约是110美元。这么一来，光是钢轨，年收入就将近100万美元，新设备投资额是100万美元，第一年度的收益就相当于成本。比股票还要赚钱！

股东们同意在伦敦发行公司债，部分像一般股票一样公开上市，而合伙人分担的优先股的数量，决定止于最小限度。

工程进度比预先定下的时间稍为落后。

1875年8月6日，卡内基与购买钢铁的公司订下了第一个契约，两个星期以后，熔铁炉点燃了。

转炉的火力猛烈得惊人，可以由炉口看到的紫罗兰色火焰，发出野兽嘶吼般的声音，逐渐变成黄色，最后变成美丽的白色光焰。从转炉流到锅中的银白色的钢熔液，被钢片切断一圈，再轧成钢轨。

卡内基兴奋极了。

他又聘请了一位被他称为"天才工程师"的琼斯。他凭着自己的能力，击垮了英国人的优越感。美国所夸耀的大部分的发明都已败给了琼斯。而且，即使就经营管理的才能而言，他也十分出众，少有匹敌。这时，琼斯也不年轻了，他已36岁。

他出生于宾夕法尼亚的穷困地区，村里面有小型的铁工厂，这家工厂使用无烟煤制造铣铁。村民差不多都是爱尔兰及威尔士的移民，琼斯的父亲就来自威尔士。

当琼斯年少的时候，有着蓝色的眼睛，骨瘦如柴却好奇心很强，是个略带疯癫的孩子，有一次他想用刀子切断自己的指头，以达到观察自己骨骼的目的，使父亲大吃一惊。

琼斯的父亲拥有上百本书，他常拿来自学。当那些顽皮的孩子还在鱼塘里钓鱼时，琼斯已学会了制造铣铁的本领。

他在18岁离开家，到了田纳西州的查塔努加市，在铁工厂中工作。南北战争期间应征入伍。战争结束了，他闲居在家，整天赌赛马和棒球。

后来，由于一个偶然的机会，被同样具有高超本领的工程师霍利看中，成了卡内基的得力的助手。

在卡内基钢铁制造方面，琼斯所做的最大贡献是构想出一个如怪物一般的大铁箱，可以支撑50万磅重的铁溶液。

亨利·克拉克·弗里克在21岁时的夏天，拜访了托马斯·麦隆，他要求向这位银行家贷款10000美元。

可能由于是同乡，麦隆显得十分的热情。内心十分高兴的弗里克对这位麦隆总裁并不感到畏惧，畅所欲言。他提出向他借 10000 美元作为 50 座焦炭炉的建造费。

弗里克眼睛炯炯有神，这时仍无惧于这位匹兹堡的金融大王。他没有煤矿山，准备从山里买煤。而本地的焦炭是世界上品质最好的。

麦隆问完后，替弗里克介绍了自己的四儿子。安德鲁·麦隆后来在连续 3 届均出身于共和党的总统内阁中担任财政部长。弗里克写下了为期 6 个月的 10000 美元短期贷款契约。

这位麦隆财阀的始祖对这位青年的才干、胆识，及焦炭生意做了一次爽快的投资。

在制铁、制钢的过程中，由不可或缺的黏结性煤炭所制成的多孔性燃料，是由在炉中高温加热粉碎了的煤而制成的。

这位威士忌酒厂的 21 岁青年，第一次从事这种富有挑战性的事业。计划建造 50 座焦炭炉，实在是一种很大的冒险。他在这 50 座炉完成前，又申请追加贷款 10000 美元，再建 50 座。

麦隆派遣的贷款主任到现场调查后回来报告说："弗里克这位爱尔兰的年轻人，并没有辞去酒厂的工作。他的房间内到处都是他画坏的焦炭炉设计图。再度的贷款是危险的。"

未来的财政部长只好乘马车亲自前往。

他回来报告说："弗里克早上 6 时起床，将火点入试验制造的炉中，7 时从家里出发，步行到火车站，乘火车前往匹兹堡，走遍市内的铁工厂，到处宣传他的焦炭试制品。黄昏 18 时返回家中，一直设计至深夜。"

于是，麦隆父亲又决定再贷给他 50 座焦炭炉的款子。

原来当法官的麦隆总裁，时年 50 岁，他赌上了弗里克。这是 1871 年的事。也就是 1873 年大恐慌到来的前两年。毕竟这也是危险的投机事业。但弗里克成功地度过了大恐慌。弗里克所制造的焦炭，直至敢保证产品是"世界第一"时，并没经过很长的时间。

向垄断钢铁行业努力

在纽约豪华的温莎旅馆的一楼。与平常稍有不同的是午餐的餐桌上，摆着丰盛的菜肴，以及从波尔多运来的葡萄酒。

卡内基与他的母亲玛格丽特，诚恳地招待两位男女客人。这两位客人不是别人，正是蜜月旅行途中前来纽约的弗里克与他的新婚太太。

卡内基请他弟弟汤姆持邀请函前去。这时，汤姆已开始积极参与哥哥相当成功的钢铁事业。他与安德鲁·麦隆的交情很深，另外还从弗里克处买入大量的焦炭。

弗里克先提起迫切需要资金的事……这时，如果卡内基拐弯抹角或单刀直入地提议吸收合并，或模仿洛克菲勒的战略，以洛克菲勒所运用的铁路运费折扣作战，带着强迫的语气说话，这位30岁新婚的焦炭大王一定不吃这一套，必定会当场就愤而离席。

由于卡内基弟弟汤姆从旁提出建议的缘故，卡内基才破例诚恳而盛情地招待了他们。

卡内基在宾夕法尼亚州内的克里森温泉的山顶，建了一栋非常漂亮、幽静的别墅，私人的轻便铁路铺设到别墅，以便往来于纽约与克里森山庄之间。这也为他们度假休息提供了便利。

现有的焦炭公司估计值3215万美元，新公司以200万美元注册，公司名称是"弗里克焦炭公司"。持股对半分开，合作当即达成协议。

成立公司后的第二年，卡内基建议投资300万美元，但遭到了弗里克的书面拒绝。他在回信中说他并不是卡内基的爱犬。卡内基作为一位共同的投资者，站在对等的立场上，应尊重他的意见。公司经营的主权在他，而且早已约定在先。

弗里克是一位不易击倒的人。他的刚强与他的年龄不相符。虽然遭到了拒绝，但卡内基反而更加欣赏弗里克的为人，开始重视起他的意见。

自发生大恐慌以来，卡内基毫不留情地将钢铁公司的投资者逐一逐出公司，孤独感油然而生。这才使得他认为：这样对待弗里克是错误的。他倒非常欣赏这位交往未深的新人。

卡内基的经营哲学是：机器的"零件"过旧，一产生故障，就应立刻更换。与汤姆·斯考特绝交之后，只顾走自己道路的卡内基，那种马基雅弗利主义实在相当凌厉。

从事钢铁事业的最初合伙人，德国工程师克鲁曼兄弟，在这次大恐慌中，他们个人所经营的投资陷入破产状态。

当卡内基知道他们的股份被迫抵押时，马上翻脸无情，抛弃了克鲁曼兄弟，毫不留情地收买了他们的股份。替他们找寻布罗多克工厂用地的克鲁曼，被抛弃的方式更为残酷。

克鲁曼不是别人，正是邀他投资提特斯维尔油井的恩人，而且是弟弟汤姆的岳父。

上了年纪的人，或许都会患上痴呆症。这导火线就是克鲁曼批评卡内基的经营方式有问题。卡内基从汤姆那儿获得了这一消息后，于第二天早上，马上结束了与克鲁曼的合作关系。

克鲁曼深知卡内基的影响力，由宾夕法尼亚政界渗透到司法界，实在斗不过他，而且也重病在身，只得默默地忍受苛刻的条件，忍气退休。

一剔除克鲁曼，卡内基便一举将艾加·汤姆森钢铁的股份增资至125万美元，任命其弟弟汤姆为董事长，这一年盈利超过40万美元。卡内基最信赖的天才工程师琼斯，每月为他生产7000吨的铁轨。

从这时起，卡内基本人亲自出马，积极地向华盛顿议会进行游说。凭借他的影响，使保护关税法顺利获得了通过。这项关税法是针对竞争对手英国钢铁的。

因此，订单如雪片般急剧增加。

卡内基设想，成熟的技术使钢铁的增产成为可能，天才的工程师琼斯可使生产继续下去，比霍利优秀。在经营管理上，汤姆就绰绰有余了。但汤姆一人仍无法面面俱到，干脆又将和汤姆感情不错的弗里克提升为专职。

于是，他询问生长于钢铁之乡的威尔士天才工程师琼斯，决定让他也拥有股份，成为合伙人。

南北战争时被征去当兵，退伍后加入不良帮派的琼斯，已经完全忘记过去那段历史，他毕恭毕敬地应承了这一决定。同时，给他和总统同样的年薪。

1881 年，以艾加·汤姆森钢铁、联合制铁及露西制铁三家公司为主体，加上煤矿山及弗里克焦炭和许多小焦炭公司，成立了卡内基兄弟公司，这时 7 名股东所持的股份包括：安德鲁·卡内基 278 万美元；汤姆·卡内基 87.8 万美元；亨利·斐浦斯 87.8 万美元；斯图亚特 17.5 万美元；其他的 3 人在 17 万美元以下。

卡内基兄弟公司的钢铁生产量占全美的 1/7，开始向垄断发展。

击溃霍姆斯特德工厂

在匹兹堡的西南方莫农卡黑拉河流的弯曲处，刚好就在卡内基兄弟公司的布罗多克工厂北方斜对岸，有个称为霍姆斯特德的地方，7家匹兹堡中型制铁公司在这里联合买下广大的工厂用地，建造了一座设备规模不亚于卡内基的布拉德工厂。

在霍姆斯特德有了不可轻视的竞争对手。

"几时把它吃掉！"卡内基面孔狰狞地说。

若没有汤姆的话，匹兹堡的事业会呈现出一筹莫展的状态。卡内基将钢铁事业全部委托给汤姆。

一天，一封加急电报送至卡内基所住的旅馆处：

> 弗里克的焦炭公司发生罢工。劳方要求提高 12.5% 的工资。我方艾加·汤姆森公司的熔矿炉因燃料不足，陷入不得不关闭之状态。敌对公司霍姆斯特德的熔矿炉业已关闭。
>
> 请电示。
>
> 汤姆

卡内基立即拍电报回复，答应劳方要求。

1869 年，在美国首次出现了被称为劳动骑士团的全国组织。他们的运动发展速度缓慢，公司方面压抑工会的力量极强，但只有匹兹堡的钢铁工会是个例外，卡内基认为是有人在背后操纵的关系。

卡内基想在事态还未恶化之前，先采取妥协的措施，回国后再彻底调查背后的关系。这无疑是他的一贯手段。

这时，在匹兹堡的汤姆再次拍来电报：

　　弗里克看过吾兄电报后，提出辞呈。据他说，焦炭公司事务听凭你处理是违反约定的，非常生气。他预定乘坐明晨船只返爱尔兰。

汤姆

　　母亲看到从不轻易动摇的卡内基露出了生平第一次狼狈的脸色，但那只是一瞬间而已。之后，他查遍伦敦的旅馆，当他发现弗里克所预约的旅馆时，就留下了一张便条，托旅馆的柜台转交弗里克，然后催母亲一行人返美。

　　他在这张便条上写道：

　　欢迎光临大不列颠群岛，爱尔兰之行想必愉快。而且，苏格兰的夏天也会令人心旷神怡。到达后的马车及旅馆全准备妥当。

　　请代向尊夫人致问候之意。

您真挚的朋友安德鲁·卡内基

　　就这样，弗里克打消辞意，撤回了辞呈。在游毕苏格兰后，一回到匹兹堡马上发挥铁腕，因而被称为"压制工会的弗里克"。

　　他将参与罢工的劳工全部解雇，而从匈牙利和俄国引入半奴隶劳工的斯拉夫人，"契约劳动公司"便是一种输入这种半奴隶劳工的公司。这一工作也是由契约劳动公司完成的。

　　匹兹堡的霍姆斯特德工厂一片混乱！

　　根据汤姆的报告，竞相倾销的霍姆斯特德工厂陷入罢工状态，7位合伙人因与劳方交涉问题意见不一，以致绝交。炼铁炉停火了。

　　公司到处借债，资金周转不灵，甚至麦隆父子也打算不再借钱给他们了。

卡内基露出了轻敌的微笑。他要击溃霍姆斯特德工厂！他要买下它，并作为今后的另一种经营方式。

那么，现在全美 1/7 的钢铁生产占有率，将迅速上升到 1/3。再加上那里土地辽阔，易于拓展，在那儿可以建造世界上最大的熔矿炉和直入云霄的铁骨屋顶工厂。

他们想用 35 万美元买下它。

35 万美元太高！面对这般令人毛骨悚然、赤裸裸的举动，汤姆回头凝视着这张马基雅弗利主义式的脸孔，吃惊地、一字一字地说：

"霍姆斯特德工厂的 6 名投资者要拿现金交易，这容易打发。只有一位叫乔治·胜家的股东不愿意，他声称要取得卡内基的股份。"

毕竟，汤姆的个性还不擅长于这种事。但汤姆还是以 10000 美元为起点，开始谈判，然后以卡内基股份 50000 美元达成协议。新落成的霍姆斯特德工厂，在 5 年后纯收入即超过 500 万美元。

琼斯私下借钱给在布罗多克工厂附近的一家食品杂货店。店内有一位名叫许瓦布的店员，年仅 18 岁，却才华横溢，是卡内基克里森山庄附近租赁马车店店主的儿子。琼斯每天早上都让许瓦布买雪茄，两人相当熟识。

琼斯做梦也没想到这位年轻人以后会取代他的职务。

许瓦布有着德国人的四方脸，才智超群，利用所赚的钱上夜校。工作之余，琼斯在教他化学及机械学时，许瓦布所展现出来的才能，令人瞠目结舌。

"我实在很想到工厂去工作。"有一天这位小店员这样说。

这样，他以每天一美元的条件受雇，上班 6 个月后，即成为琼斯的助理，也就是担任了副厂长的职位。由于受到卡内基的赏识，因此得到不断的提升，可见他受到卡内基重视的程度！

许瓦布果然是一位可堪造就的有用之才。不久他和琼斯两人分担了布拉德工厂、霍姆斯特德工厂的工作。

工厂厂长的最佳人选

卡内基没有任何犹豫就让威廉·伯恩特莱格负责管理工厂。

每次提起威廉的工作，卡内基的心情都特别愉悦。威廉是从德国直接过来的小伙子，还不会说英语。因为他是克鲁曼先生的远房亲戚，所以卡内基雇用了他。

开始的时候，他并不怎么出色。他很快学会了英语，成为业务员，每个礼拜有 6 美元工资。他原来并不具备什么机械知识，但是，凭着他坚持不懈的热情和勤奋，他很快熟悉并参与厂里的所有业务，在任何地方都能看见他的身影。

威廉是个很有意思的人，他总改不掉德国人说话的习惯，语序颠倒的英语总能给人留下深刻的印象。在他的监督下，联合铁厂成了卡内基所有业务中盈利最多的一块。连续好几年，他都过度操劳。

卡内基决定给他放放假，让他到欧洲去旅游一番。他先取道华盛顿来到了纽约。在纽约的时候，他来找了卡内基，说与重返德国相比，他更迫切地希望回到匹兹堡去。

在华盛顿纪念碑的楼梯上，在其他公共建筑中，他看到自己生产的横梁，他这样说："我觉得是那么自豪，我要马上回去，看看厂里的一切是否正常。"

威廉总是天不亮就到厂里，满天星斗时才离开。那里就是他的家，他的生活就在那里。卡内基第一次要吸收几名年轻人成为他们的股东，其中就有他。

卡内基记得，这个贫穷的德国小子，在去世的时候，已经每年能赚到 50000 美元。无疑，每一分钱都是他应得的。他身上有很多的故事。

在一次董事会的年终宴会上，每个人轮流发言。威廉这样总结他的演讲："先生们，我们必须做的是提高价格、降低成本，每个人都能必须站在他自己的底座上。"

他的话引起了经久不息的大笑。

埃文斯上校曾有一段时期出任政府派驻卡内基工厂的检察员。他是个很严格的人，威廉找了不少麻烦，埃文斯抱怨不断，他们之间终于有了冲突。

卡内基尽量想让威廉明白与政府官员搞好关系的重要性。

威廉回答说："但是他无所顾忌地走进我的房间，拿我的雪茄抽，而且还总是对我们的铁厂挑三拣四，你对这种人怎么看？不过，明天我会向他道歉。"

卡内基怎么也搞不懂为何上校会对威廉廉价的雪茄烟感兴趣，但他向上校保证威廉将会向他赔礼。

"上校，我希望你早上没有生气，我并无恶意。"

然后，威廉伸出他的手，上校愣了愣，还是握了手，两人尽释前嫌。

威廉曾把卡内基没法用的旧铁轨卖给了别的公司。后来，帕克先生发现这批货质量很差，就向卡内基提出赔偿的要求，卡内基让威廉和斐浦斯先生一起去找帕克先生，处理好这件事情。

斐浦斯先生走进帕克先生办公室的时候，威廉正在工厂四处寻找那批受到责难的材料，可他怎么也找不到。

这下威廉知道该怎么办了，他最后走进了办公室，帕克先生还未置一词，他就说："帕克先生，我很高兴听到卖给你的那批旧铁轨不适于炼钢，我打算把所有的再重新买回去，给你每吨 5 美元的价钱。"

威廉知道得很清楚，他们早就把那批材料给用光了。帕克先生感到十分为难，这件事情就这么结了，威廉取得了胜利。

在他从德国回来之后，有一次卡内基去匹兹堡，威廉说有些特别的事情要告诉他，而且这些事情不能告诉其他的任何人。他在德国时，曾花了几天时间去拜访一个教授，他以前的一个同学。

"卡内基先生，他的妹妹对我非常好。我到了汉堡后，就寄了一件小礼物给她。她给我写了封信，我也给她回了封信，她再写，我又回，然后我问她愿不愿意嫁给我。

"她是个循规蹈矩的姑娘，但是她写信来说愿意。然后我让她到纽约来，我去那里接她。但是，卡内基先生，他们并不知道工厂里的情况，他哥哥写信给我，说他们想让我再回去一次，在德国与她完婚。可是我不能再离开工厂了，想问问你怎么办？"

"你当然可以再去一次。当然了，威廉，你应该去。这样她的亲人会感到很高兴的。你马上去，然后把她带回家来。我会安排好一切的。"

在他离开的时候，卡内基说："威廉，我想你的爱人一定高挑漂亮，是个讨人喜欢的德国姑娘。"

"哦，卡内基先生，她稍微有点胖。如果推着她滚动，我只能让她转一周。"威廉所有的比喻都与工厂的工作有关。

斐浦斯先生原来担任铁厂商务处的主管，后来因为公司的规模扩大，钢厂需要他，就提拔了另一个年轻人威廉·艾伯特接替他的位置。艾伯特先生的履历与伯恩特莱格有某些相似之处。

一开始他只是个拿微薄薪水的小职员，但很快就被委以重任，负责铁厂的营销业务。他与威廉一样成功，也被吸引进了董事会，享受的股份也与威廉一样，他后来被提升为公司总裁。

柯里先生在这段时期因为管理露西高炉表现出色，卡内基对他很是器重，后来也成了卡内基的合伙人之一，和其他人享有相同的股份。商业要获得成功，除了将做出杰出贡献的员工提拔到合适的位置上之外，别无他途。

最终，卡内基和麦克坎德里斯公司并入了艾加·汤姆森钢铁公司。

一开始，卡内基的弟弟和斐浦斯先生拒绝将他们发展得很成熟的企业并入钢铁公司，不过，卡内基把第一年的盈利给他们看，告诉他们如果不加入钢铁公司，那他们就是上错了船。

他们在重新考虑过之后，接受了卡内基的建议。对他们和卡内基来说，这都是一件幸运的事情。

卡内基的经验告诉他，合伙人来自不同的行业，杂乱地聚集在一起，这是不可能建立好一个成功的企业的。改革和变化是必需的。艾加·汤姆森钢铁公司也不例外。

在他们还没有开始生产钢轨的时候，卡内基聘用了一个铁路审计，他原来做审计工作，以有才干、有办法著称。但是，克鲁曼先生对他很不满意。所以，卡内基不得不买断了克鲁曼先生的股票。

此后不久，他们便发现克鲁曼先生的判断是正确的。这个审计员确实对账目很有一套，但是，要想期望他或者任何其他办公室人员，能走进制造工厂并且一开始就做出成绩来，就显得不太实际了。

他没有与新工作相关的任何知识，也没受过这方面的培训。这并不是说他不是一个好的审计师，只是公司对他的期望过高了，这是公司的失误。

最后，工厂终于要开工了，审计员将一份组织计划提交给他审批。卡内基发现他将工厂分为两部分，其中一部分交由琼斯先生控制；而另外一部分交由史蒂芬森控制，史蒂芬森先生是一个苏格兰人，他后来成为一个非常优秀的制造业厂主。

卡内基没有批准这一方案，因为他相信，他们的这一决定将对钢厂的成功起到举足轻重的影响。

在同一个工厂里，两个人拥有同样的权力，是不可想象的。有两个人同时发号施令的工厂，即便他们是在不同的部门，这和一支部队中有两个司令，一艘船上有两个船长一样，都将造成灾难性的后果。

"这行不通，我既不认识史蒂芬森，也不认识琼斯，但是他俩当中只有一个人能当船长，也只有他直接向你负责。"

最后决定让琼斯先生当"船长"，日后，凡是知道贝西默钢厂的地方，他都名声大噪。

"船长"那时候还十分年轻，瘦瘦弱弱的，但显得很活泼，精力充沛。从他的身材上，他们可以看出他的威尔士血统——因为他很矮。他从附近的约翰斯顿工厂来到卡内基公司工作，当了一名每天报酬两美元的机修工。

很快卡内基就发现他是个可造之材。他的行为便足以证明。在内战中自愿入伍，因为表现出色，被提拔为连长，他所带的连作战勇猛，不知退缩。艾加·汤姆森公司的成功在很大程度上得归功于他。

在接下来的岁月中，他拒绝接受卡内基提供给他的公司股份，这些股份足以让他成为千万富翁。

有一天，卡内基告诉他，一些年轻人因为拥有公司的股份，赚得的收入比他要高得多。已经投票表决过，公司想要吸纳他为董事会成员，这无须承担任何金融义务。因为按照惯例，他购买股票所需要支付的钱，将在日后从红利中扣除。

"不，"他说，"我不愿意老是想着公司的运营状况，想着是否盈利。照看工厂已经够我忙的了。如果你认为这是我该得的，那就给我一份高薪吧！"

"好，船长，我们将按美国总统的薪水标准付给你酬劳。"

"一言为定。"这个威尔士小伙子说。

一开始，卡内基钢材制造业的对手根本不把他放在眼里。根据他们自己在开始生产钢材时遇到的困难，他们认为再过一年卡内基也不可能生产出钢轨。因此，他们拒绝把卡内基当作对手。

卡内基开始的时候，钢轨的价格是每吨7美元。卡内基向全国的代理商征求订单，给他们最好的价格。在卡内基的对手知道这一情况之前，他已经接了不少订单，这足以使他有一个很好的开始了。

　　完美的机器、绝妙的计划、技术娴熟的工人、知人善任的管理者，卡内基的成功是极为显著的。卡内基工厂投入生产的第一个月公司就盈利11000美元，这个纪录是前所未有的。

　　公司的会计体系也如此值得称道，它帮助公司算出了盈利的确切数目。从卡内基的铁厂的经验中，卡内基了解到一个确切的账目制度意味着什么。在生产过程中，原料从一个部门转移到另一个部门，都有员工进行核对，没有比这种做法更能提高利润的了。

　　中国有句古话，良好的开端是成功的一半。工厂进入运行轨道后，卡内基终于有时间开始考虑自己的环球旅行了。

环球旅行感悟深刻

在把工厂方面的事安排妥当后，卡内基终于开始了自己的环球之旅。

卡内基和范迪于1879年秋天出发。卡内基随身带了几个笔记本，每天用铅笔记下一些东西，从没想过要把它们编成书出版。但是他想，也许他可以把它们复印几份，在私人的圈子中传阅。一个人头一次看见自己的言论变成铅字，印成了书，其感觉绝对美妙无比。

当那一大包书从印刷厂送到卡内基手中时，他又重读了一遍，看它是否值得作为礼物送给朋友们。总的来说，卡内基还是相当满意的，他送给朋友们后，静候他们的评论。

作为一本专门为朋友设计的书的作者，当然无须担心听到什么刻薄的反响，但卡内基仍摆脱不了患得患失的心情，还是盼着能得到赞扬。

朋友们的反应超出了他的预期，他们确实很喜欢这本书，至少有部分评价是发自他们内心的，这让他感到非常满意。每位作者都倾向于相信甜美的言辞。

费城的大银行家，安东尼·德雷塞尔来信抱怨说，卡内基剥夺了他几个小时的睡眠时间。他一开始读便不忍放下，直至凌晨2时，满身疲惫的时候，才把它读完。

这样的信卡内基收到了好几封。

有天早上，中央太平洋铁路公司的亨廷顿先生，当见到卡内基时，把卡内基好好地表扬了一顿。

"我把你的书从头至尾，一字不漏地读完了。"

"嗨，"卡内基说，"这并没有什么啊，我其他的朋友也都是那样。"

"是的，但是也许你的朋友没有一个是像我这样的。除了我的账本之外，这几年我没有读过一本书。一开始，我也并不想读你的书，但当我一拿起，我就放不下了。5年了，能让我从头看到尾的只有我的账本。"

对于朋友们的话，卡内基不敢全信。但是，有些书从他的朋友们手中流传出去，也得到了其他人的喜爱，这使他着实飘飘然地过了好几个月。

后来，越来越多的人向卡内基索书，卡内基开始相信他们的话并非恭维。为此，卡内基不得不又加印了几次。报纸上也发表了相关的评论文章和精选摘要。

于是，便有出版商要求将它出版，以满足市场需求，就这样，《环游世界》公开出版，而卡内基最终也成了一个作家。

这次环球旅行给卡内基开启了一条新的地平线，也很快地改变了他的思维观点。当时正是斯宾塞和达尔文的学说达到巅峰，广为流行的时候。对他们的作品，卡内基有着极大的兴趣。

他开始从进化论的角度来看待人类生活中的不同阶段。在中国，他阅读孔子；在印度，佛家和印度教的经典也被列入他的书目；在孟买，他从帕西人中学习了解拜火教。这次旅行的收获之一是让他得到了某种精神上的宁静。

卡内基的头脑得到了休息。最后，他明白了一个人生真谛，就像基督所说："天国就在你的心中。"

并非未来，也不是过去，只有现在才是天堂。此刻这个世界上的所有责任，都需要人们富有耐心的努力，一旦僭越，便只会得到毫无结果的虚无。

那些伴卡内基长大的宗教理论，斯维登伯格教派留给他的所有印象现在都不再对他产生影响，再也不能左右他的思维了。卡内基发现没有一个民族的信仰是真理，尽管这种信仰被视为神灵的启示。也没有一个民族会那么愚昧落后，信仰中尽是谬误。

每一个民族都有其伟大的导师，佛陀是一个，孔子是一个，琐罗亚斯德是一个，基督是一个。他还发现所有的这些导师在伦理学上的教义都极为相似。

所以，卡内基打算引用《马太福音》中的话，他总是很骄傲地拿它来称颂朋友：

孩子们，那不可见的神力，是谁的眼睛

永远陪伴着人类

轻蔑地看着没有宗教的地方

这个人已然找到

不能说出他的意志有多么柔弱

不能像雨水一样滋润干渴的心田

他也没有哭到双眼凹陷，这个连自己都为之厌烦的人

你定将重生

埃德文·阿诺德的《亚洲之光》就在这个时候出版了，这部诗集给了卡内基极大的快乐。他刚去过印度，诗集则让他重温了那里的

一切。他对此书的欣赏传到了作者的耳朵里，后来，他俩在伦敦相识。埃德文·阿诺德把这部诗集的原手稿送给卡内基作为礼物，这是卡内基最宝贵的珍藏品之一。

卡内基对东方经典进行研究后，收获很大。他得出这样一个结论，每个国家的人都认为他们自己的宗教是最好的，他们的家园是最棒的，"金窝银窝不如自己家的草窝"。

在《环游世界》一书中有两段描写能说明这一点，援引如下：

在新加坡附近，我看到人们正忙着干活，孩子们光着身子四处跑动；他们的父母穿着平常的松垮的旧衣服。我们吸引了他们的注意。

我们让导游去跟他们说，我们来自另外的一个国家，这个季节里池塘的水会结冰，我们可以直接从冰上走过，有时候冰结得非常的厚，马，甚至马车都可以从宽阔的河面上经过。他们感到好奇，并问我们为什么不过来和他们一起住。

看起来，他们真的十分快乐。

还有一段：

我们还去看了拉普兰人驯鹿。一个水手充当我们的向导。在回去的路上，我跟他走在一起。我看见就在峡湾的对面，散布着几间棚屋，却有一座两层小楼正在修建中。

"那座房子是干什么用的？"我问。

"那是一个在特罗姆瑟出生而后在外面发了大财的人盖的。他现在回来了，要住在这里，他非常有钱。"

"你告诉我你曾到过全世界，你去过伦敦、纽约、加尔各答、墨尔本，还有其他地方。如果你像那个人一样发了财，你想在哪儿安家呢？"

"啊，没有比特罗姆瑟更好的地方了。"他说。

那是在北极圈，那里一年有 6 个月的漫漫长夜，然而特罗姆瑟是他出生的地方。家，温暖甜蜜的家啊。

在自然生活和自然法则的状况下，有些东西看起来不完美、非正义，甚至是残忍的。但是，许多的美丽和甜蜜也让人感到震颤。不管家在哪里，对它的那种深深的爱无疑就是这众多美好中的一个。

卡内基很高兴地发现，这种情感并非局限于某一个种族或者民族之中，在现今的发展阶段上，几乎各个种族里都存在着这种对家的深深的眷恋。

乡间田园的绅士生活

由于已将工厂委托给以汤姆为首的弗里克、琼斯、许瓦布等青年人，卡内基过着异常舒适的生活。

当时的纽约中央公园比现在更加青翠苍郁，清新宜人，是市民特好的休憩场所。每天早上，卡内基都在中央公园骑马散步，过着乡间绅士田园般的生活。

栗色的纯种马，发出令人愉悦的踢踏声。和谐动听的乐意，尾随其后的是骑着白马，头上戴着插有羽毛的无边帽，穿着苏格兰羊毛长裤的高贵淑女。

她就是纽约城有名的大批发商人怀特菲尔德美丽的千金小姐路易斯。她的年龄在 30 岁出头，脸形稍大，瓜子脸，慧黠的蓝眼甚为迷人，擅长小提琴。他们两人已订婚了。

卡内基的举止，就像年轻了 10 岁的绅士一般，他送这位女子返回 48 号街西区 35 号，那里现在是百老汇中心街附近的住宅。

她守寡的母亲正在屋中等待他们两人的归来。经营大批发商店的路易斯的父亲已经亡故。

由于婚期还遥遥无期，不仅路易斯本人，特别是她母亲深感不安，甚至有些不高兴，虽然她左手上的订婚戒指闪闪发亮。

出门旅行的卡内基并没有忘记给路易斯写信，但不是情书。他这时到了中国。

他告诉路易斯，他由香港进入广东，正在读孔夫子的书。东方有很多值得学习的美德。他在印度修习释迦牟尼佛教，也买了一些印度教的书。在所有的宗教教义上，都有近乎相同的善恶戒律。因此，不能仅受一种宗教戒律的拘束。

在新加坡还碰到了一位名叫霍纳挺的青年，他收购了许多珍禽异兽，说要拿到纽约的博物馆去，狮子、老虎、象、鳄鱼、猩猩、狗熊、袋鼠……他们对这些充满着浪漫气息的生意产生了共鸣。

据说他们可以卖到相当高的价钱。当他看到那青年观察动物时的愉悦神色，不禁疑惑，甚至开始怀疑他的冶铁买卖的意义。路易斯将这封信拿给母亲看时，她冷笑了一声，以为卡内基的脑筋有点问题。

卡内基在寄给母亲的信中这样写道：

16 世纪，在印度，建造了回教帝国的莫卧尔人的第五代皇帝，为爱妃建造了一座庄严华丽的白色大理石灵庙。

就像流经深山森林中的小河，或是像照在森林中的淡淡的月光一般，灵庙带给我心灵永恒的安静，直至我去世。

我眺望了良久，并思量着。这不仅可说是喜欢，也不只是一种旋律的产生，这种感觉就像被柔软的白雪包围一般……

卡内基这位已完全成为"自由人"的人，每年造访伦敦，都要与英国政府要人诸如克莱斯顿、罗兹伯利、鲍佛尔等交往，并与他们交情颇不错。

此外，光是在英国境内，就买下了 7 家报社。他要对顽固且保守的英国人，传输"进步的思想"。因此，卡内基并不是如同路易斯的母亲怀疑的那样发了疯。

克里森山庄在阿勒格尼山脉的高地上，位于匹兹堡东方约 80 千米处，距宾夕法尼亚铁路的亚吞那调车场，以及斜坡运输车通过的地方不远。

克里森山庄是维多利亚格调的哥特式建筑，天花板相当高。砌在每间巨大房间墙壁上的落地窗，从地板到房梁，全是以彩色玻璃装饰。环绕着建筑物阳台外侧的广大庭园，美丽的野花绽放着，野鸟成群往来其间。

这是卡内基为母亲建造的别墅，但母亲并不特别喜欢它。搬入豪邸需要很多仆人。而且需要雇用厨师。反正不要的理由一箩筐，而她喜欢的却是纽约温莎旅馆的生活。

在那里，房间的地上都铺着厚厚的绒毯，而且即使在深夜，也可叫人将自己喜欢的食物送到套房来。

她已经习惯于使用银制的餐具、中国制作的器皿及意大利制的大理石器具。只有这个夏天，她没有离开克里森山庄，因为已无法离开了。就如老树朽了一般，玛格丽特的体力日趋衰弱，整天躺在床上昏睡着。

前往诊治的医生警告说："有转为肺炎的危险。"卡内基决定尽量留在山庄，照顾母亲。躺在病床的玛格丽特发觉路易斯没来。卡内基已经决定跟她分手了。

有句格言说，"马要外观，男要内在"，而女人呢？

在中央公园的绿茵场上，骑着马的她，的确很迷人。他虽然嘴上说要分手，但真的放得下吗？

故乡授予他荣誉市民

1877 年 7 月 12 日，卡内基的故乡丹弗姆林授予他荣誉市民的称号，在此之前，卡内基从来没有接受过此类称号，这对他来说是一个莫大的荣誉，令他激动万分。

自沃尔特·斯考特先生当选英国的议员之后，在卡内基之前，只有两个人获此殊荣。卡内基的父母常跟他讲一些有关沃尔特先生的事情，有一天，他们还看见他在描绘丹弗姆林教堂的草图。

作为答谢，卡内基要作一次演讲，对此他非常重视。卡内基告诉他的舅舅贝利·莫里森他的演讲内容。

他的舅舅是一个很好的演讲家，用充满智慧的话语告诉他说："卡内基，就照你刚才那样说，想说什么就说什么，没什么比这更好的了。"

对卡内基来说，这是一堂很好的公共演说，他用心学习。他总结公共演说的经验时说道：

当你站在观众前面，只要想着，他们也是普通人。

在向他们作演讲的时候，你只需要像日常生活中的交谈那样就可以了，没有什么区别。除非你想特意地改变自己，伪装自己。那么不要有任何的难堪，就当作是在董事会上和自己人说话，你只需要做你自己，很自然地去做。

如果你想尽量变成其他的某个人，那么你会感到胆怯，没有底气。

1881 年的 7 月 27 日，卡内基在丹弗姆林又作了一次演讲，那天他的母亲来为他捐建的图书馆奠基。当年丹弗姆林有 5 个织布工人将他们的书收拢起来，成立了第一个公共图书馆，向他们的邻居开放，他父亲是其中的一个。

丹弗姆林把卡内基捐献的建筑命名为"卡内基图书馆"。

设计师来跟卡内基要他的"盾形徽章"。卡内基告诉设计师自己没有，但是他向设计师建议可以在门上刻一轮散发着金光的太阳，加上一句格言："让阳光普照"。于是设计师采纳了。

卡内基组织了一个马车队去丹弗姆林。

在 1867 年和乔治·劳德、亨利·斐浦斯一同穿越英格兰的时候，卡内基便产生了一个想法，他想与至交好友组成一个车队，从布莱顿直至因弗内斯。

这个时刻终于到来了，在 1881 年春天，卡内基一行 11 人，乘船从纽约出发，这是卡内基一生中最为快乐的一次出游。给自己放个假，从繁忙的商务中摆脱出来，保持住年轻和高兴的心情，这胜过世界上所有的良药。

在这次马车旅行中，卡内基只是每天在他临出发前买的两便士一本的存款簿上草草地记上几笔。因为已经出版了《环游世界》这本书，他打算将此写成文章，向杂志投稿，或者仅仅是为伴他出游的朋友们写点东西。

在一个寒风呼啸的冬日，卡内基想，挨冻去 3000 米之外的纽约的办公室有点不值，也没有必要，他决定待在家里。

那么又怎样打发时间呢？他想起了他们的那次马车旅行，决定写上几行看看，也不知道能否继续下去。他文思泉涌，任思绪自由流淌，在天黑之前，他已经写出了三四千字。

于是，在大风雪天气里，当他无须去办公室的时候，他便待在家里做这项令人愉快的事情。这样过了 20 多次之后，他完成了一本书的写作。他把稿子拿到斯克莱布诺出版社，让他们给印刷几百本，卡内基好拿去送人。

和《环游世界》一样，卡内基的这本书也很让他的朋友们感到高兴。坎普林先生有一天告诉他，斯克莱布诺先生已经看过书稿，希望能由他的出版社出版发行，因为他的出版社直属于皇室。

对于一个虚荣的作者，当他听到有人说他的作品具有纪念的意义和价值，他将会很容易被打动。卡内基也未能免俗，他答应了坎普林的请求。

书出版后，卡内基收到了大量的读者来信，其中很多都非常热情，他的家人将他们保存了下来，收集在一个剪贴簿上，而且还不时会有新的贴上去。很多残疾人很高兴地给他来信，说他的书为他们的生活带去了光明，这使他大为振奋。

卡内基是第一个病倒的，当时，他从纽约回到他们住在阿勒格尼山顶的乡间别墅，在那里，他和母亲度过了好几个夏天。从纽约离开后的一两天，他就感觉到不舒服。

医生来到后，将他诊断为患伤寒热。丹尼斯教授也从纽约被叫了过来，他确信了此一诊断。很快，卡内基便请了内科医师和护士来为他服务。不久之后，有人告诉他们说弟弟汤姆在匹兹堡竟然也一病不起。

不幸的事接踵而来

过了 50 岁的大实业家，现在仍然是孤单一人，没有成家。这点，让谁看来，都觉得极为反常。

"汤姆病倒了！"这一消息从匹兹堡传到克里森山庄，是在盛夏的时候。往年克里森山庄非常凉快，只有今年例外，不知为什么，总是闷热异常。

卡内基乘坐着马车下山，然后，换乘宾夕法尼亚铁路，赶到了匹兹堡，汤姆躺在霍姆坞德镇自己的住宅中，看到卡内基时，汤姆提出了自己想辞职的想法。

当卡内基看到自己的弟弟形色憔悴、面无血色的时候，心中大为内疚。汤姆以微弱的声音说完"让我辞职"后，又陷入昏迷的状态。

卡内基凝视着昏睡状态中的弟弟，懊悔之意不禁涌上心头，直至这时，他才突然想到：自己对弟弟过于苛求了。

他对于自己的弟弟汤姆并不是十分的了解。汤姆和克鲁曼的千金小姐露西结婚后，熔矿炉也以爱妻的名字命名，踏实地经营着铣铁制造，并且深爱着家族的成员，过去卡内基强拉他到处奔走，扩张、扩张、再扩张……由冒险到庞大的投资，一切事务都交给了汤姆去处理，而自己却无拘束地到处去旅行，从伦敦到巴黎，甚至到孟买，到广东……

虽然如此，弟弟从来没有半句怨言，自始至终都听从哥哥的安排，使公司日益壮大起来，才有今天的规模。可以说，其中一大半功劳应属于汤姆。

这时，从昏睡中醒过来的汤姆打断了卡内基的思路。汤姆又以软弱无力的声音说道："成为世界第一的钢铁大王也该满足了，哥哥，你也该娶妻生子了……"

然后，又陷入昏睡。最近几年，汤姆在哥哥的巨大压力下，开始经常酗酒。这是汤姆为了消除紧张的一种独特疗法，用来补充日益衰退的体力。

这些情况，卡内基是深深知道的。他得的是肺炎，所有的药物都不起作用。医生打算放弃治疗了。

在纽约办完事，返回克里森山庄的卡内基，探望过母亲，吃完清淡的晚饭后，就径自回家。这时，他感到自己的身体就像熔矿炉般地燃烧着。

"是感冒吧？或许是肺炎也说不定。"心里这样想着，正要入睡时，传来了汤姆死亡的消息。

醒过来的他，刚走下床，马上就倒在了地上，根据医生推断，是伤寒。

1886 年的 10 月，年仅 43 年的汤姆·卡内基就在昏睡状态中过世了。此时，树叶已经染红了秀丽的克里森山庄，正是落叶的时候，景色异常凄凉。

卡内基本人并没有参加弟弟的葬礼。

第二天早上，卡内基仍高烧不断，陷入深沉的昏睡状态，意识不清，这种状态持续了两星期。

在克里森山庄里，母亲像是追随着儿子汤姆一样，不久也咽了气。或许是由于悲伤过度，抑或是人本已风烛残年。

彩色玻璃被卸下，母亲的遗体被安放在黑色的棺木内，静静地移出安葬，悲剧接踵而至，不断地发生在卡内基身上。

11 月底，在纽约的路易斯接到了久违的卡内基从克里森山庄寄来的信。卡内基被高烧持续困扰了将近 6 星期。

在卡内基寄给路易斯的信这样写着：

过去的 6 星期，我生活在暗无天日之中，今天才能见到光明。

我将大病初愈后的第一句话告诉你，现在我失去了一切，妈妈和汤姆，除了你……

我只为你而活，至死为止……

卡内基

到此，卡内基人生的舞台发生了天翻地覆的转变。

遇到的最完美的人

卡内基慢慢地振作了，他不再深陷于悲痛，他开始考虑自己的未来与发展。

这样，他才能找到一线希望和宽慰。卡内基的思想总是向往充满希望的地方，他认识路易斯·怀特菲尔德小姐已有很多年。路易斯的母亲也很赞成他俩在一起，他俩常一起去中央公园骑马，也都很喜欢这项运动。

卡内基的结婚对象名单上还有另外一些年轻女士，卡内基有几匹好马，他经常与某个女孩子在公园里或是绕着纽约，骑着马消遣。

然而最后，那些女孩们都显露出了平庸的本色，但怀特菲尔德小姐却不是这样，她是卡内基遇到的最完美的人，远远超过了其他的任何一个。最后，卡内基不得不承认，在和他交往的女性中，她最经受得住时间的考验，她似乎集所有人的优点于一身。

卡内基曾向一些年轻的小伙子们建议，在订下终身大事之前，要经过细致的考察。如果能够真诚地记住下面这些话，那么一切都会水到渠成：

为了各种不同的优点，

我的眼睛曾热切地关注很多的女孩。

我曾经喜欢过很多的女孩，但是不曾真心爱过一个，

她们的身上，总有缺点损害了高贵的美丽。

在她们的衬托下，

但是你，只有你啊，是如此的完美无双，是把每个女子

最好的优点集合起来而造成的。

卡内基的事业虽然很成功，但这对追求怀特菲尔德小姐却起不了什么作用，在她的身边还有很多其他比卡内基更加年轻的追求者。

相反，卡内基的财富和对将来的计划还产生了副作用，路易斯觉得她自己对卡内基没有什么帮助，她的理想是找一个年轻的伴侣，双方对于彼此都互不可少，就像她自己的父亲和母亲那样。

早在路易斯 21 岁的时候，她父亲就去世了，因此她就不得不担负起照顾整个家庭的重担。现在，她已经 28 岁了，她的人生观已经塑造成型。

有一段时间，路易斯和卡内基相处得很好，互相通信。但是，有一次，她退回了卡内基的信，说她不能接受卡内基。

在卡内基发高烧期间，丹尼斯教授和其夫人为了照顾他，就将卡内基接到他们在纽约的家中对他进行特别护理。在丹尼斯教授的亲自护理下，卡内基渐渐地可以起来行走了。

在卡内基养病期间，路易斯小姐来探望过他，因为在卡内基刚开始能写字的时候，他便给她写去了一封信。

卡内基发觉自己现在是迫切需要她，一刻也不想离开她。卡内基感觉自己像是被孤零零地丢在这个世界上，只有路易斯小姐能让他感觉不孤单。不管是从感情上还是理智上，卡内基都非常依恋路易斯小姐。

于是，路易斯小姐终于被感动，接受了卡内基。

1887 年 4 月 22 日，即母亲与弟弟骤然去世半年后，卡内基在 30 名观礼者的祝福声中，与路易斯举行了简单的结婚仪式。一小时后，他们从布鲁克林码头登上"富尔达号"，开始了蜜月旅行。目的地是伦敦，预定由伦敦再到威尔士，在英国停留大约两个星期。

纽约的报纸刊登了新闻：

钢铁大王卡内基先生，把位于西区 51 街 5 号的富丽堂皇的住宅，以及可获得 20000 美元红利的巨额股票，送给了美貌的新娘，新郎卡内基先生 51 岁。

在看到野花的时候，路易斯显得非常兴奋。她以前只在书上读到过三色堇、勿忘我、报春花和百里香等花名。而在此之前，这些花对她来说还仅仅只是名字而已。

每一样东西都让她着迷，劳德姨父，还有卡内基的一个表兄弟从苏格兰过来探访他们，他们在吉尔格拉斯顿为卡内基夫妻造了一处避暑的好地方，很快他们就去了那里。

苏格兰使路易斯着迷，令她心驰神醉。在她还在少女的时候，她就读过关于苏格兰的书，她很喜欢斯各特的小说，其中《苏格兰的长官们》是她最喜爱的译本。出乎卡内基的意料，没过多久，他发现他的妻子竟比自己还爱苏格兰。

所有这一切都让卡内基最深切的梦想成为现实。

卡内基和妻子在丹弗姆林小住了几天，日子过得很惬意。卡内基带妻子去他小时候常去的地方，乡亲们也争着把卡内基儿时的种种趣事讲给路易斯听。这使得路易斯对她的丈夫产生了更好的印象，也使得他俩的生活有了一个美好的开端。

卡内基夫妻旅行路过爱丁堡时，他俩并被授予了"荣誉市民"称号，罗斯伯里勋爵发表了讲话。

卡内基在当地最大的礼堂向工人们作了演讲，他和太太还收到了工人们送的礼物——一枚胸针，她非常喜欢。在那里，她，路易斯还充分领略了风笛的魅力，看到了风笛手的风采，她觉得自己的家里也应该有一个风笛手，早晨用优美的笛声叫他俩起床，傍晚时叫他俩用餐。

路易斯是美国康涅狄格州的清教徒，性格直率而彻底。她对卡内基说，如果他俩要在一个孤岛上生活，而只能带一样乐器的话，她就选择风笛。

他俩很快就找到了一个风笛手，他是带着克鲁尼·麦克弗森的介绍信来应聘的。他俩立刻就聘用了他，因此，他俩就是在优美的笛声中走进了吉尔格拉斯顿的房子。

路易斯和卡内基与在丹弗姆林的亲戚们相处得很好，特别是和那些老一辈的人。她博得了每一个人的喜爱，对于她肯下嫁给卡内基，大家表示非常惊讶。

而卡内基告诉他们，不光他们，连他自己也同样地感到吃惊。总之，他们俩是有缘千里来相会，今生注定在一起。

当他们俩回纽约的时候，他俩把风笛手、女管家和几个佣人也带了去。

第二年，他们俩买下了克鲁尼城堡，家里的风笛手向他俩介绍那儿的所有情况。他在那儿出生，并且在那里长大成人。也许，他们作此选择也受了他的影响。

1879 年 3 月 30 日，卡内基的女儿出生了。当他第一眼看见她的时候，卡内基太太说："让她叫你母亲的名字——玛格丽特，我有一个请求。"

"是什么，亲爱的。"

"既然我们有了这样一个小生命，我们就必须要有一个自己的避暑之地。我们不能再租住这样的一个地方了。因为，这样总得在固定的日子搬进搬出。我们必须在自己的房子里避暑。"

"是的。"卡内基答应了她的请求。

"我只有一个条件。"

"什么条件呢？"卡内基问。

"那就是，它必须在苏格兰的高地上。"

"太好了，"卡内基回答，"正合我意，你知道我怕阳光。在石南花中，哪里才是最为合适的呢？我将找人咨询一下。"

后来的结果便是斯基伯城堡。

在母亲和弟弟相继离去后，卡内基被孤单地抛在这世上，卡内基夫人进入并且改变着他的生活。是她让卡内基的生命充满了快乐。卡内基不敢想象，如果没有了她的呵护，他的生活会是什么样子。

在路易斯的生活中，她就像个"和平的使者"一样与人无争，即便是跟她的同学，也没有发生过争吵。

世界上凡是认识她的人，都不会产生抱怨她的理由。这并不是说她不追求最好，而是能够随遇而安。

事实上，没有谁比路易斯更加挑剔了，不过她向来对头衔、财富、社会地位都不屑一顾。她绝不会有粗鲁的言行，对一切都品位很高，几近完美。而且，她从来都以高标准严格要求自己，她的知己密友也都是出色人物。

她总是想着怎样善待周围的人们，在他们需要帮助的时候，为这个出主意，为那个想办法，她的安排和礼物总能给那些与她合作的人带来惊喜。

成为全球最大的钢铁公司

一个悲剧发生在两年后的某天夜里，布拉德工厂大熔矿炉旁。

这天晚上，厂长琼斯上尉正在检视自己刚开发的新熔矿炉。突然，高炉猛烈地爆炸了，并发出巨大的轰鸣声。

站在高炉正前方的琼斯上尉，被炸向后方，坠落在矿石车上，头部受猛烈的撞击。他在昏迷状态中被送往医院，虽然院方全力抢救，但终因伤势过重，于两天后死亡。

卡内基在琼斯的灵枢前，喃喃自语："整个布罗多克工厂，是琼斯一手建立的啊！这都属于你。"

对于他所说的话，没有人会有异议。虽然带领琼斯到厂来的亚历山大·霍利也功不可没，但如果没有琼斯的话，布罗多克工厂熔矿炉是无法生产钢铁的，而琼斯本人对布罗多克工厂也算是鞠躬尽瘁了。

正因为有那可支撑50万磅熔液的巨大"琼斯混合炉"，才能使从许多熔矿炉产生出来的铣铁再熔炼。假如琼斯没有完成改变钢铁的革命，卡内基也不会有今天的局面。

特别是琼斯临死前两三年，完成了许多发明，光是铣铁的制造、压延及切断等技术的专利权，就超过 12 件。若把矿炉的运转、建造及机械类零件的专利也算在内，实际上应有数百万美元的价值。

住在丹弗姆林的堂弟乔治，终于来到这里。身为技师的他，在琼斯过世的晚上，连夜赶去拜访琼斯遗族，致慰吊之意后，请求让他检视琼斯上尉生前的遗物和由他保存的文件箱。

第二天清晨，在葬礼之前，再次访问琼斯家的乔治，以战战兢兢的语气对琼斯的遗孀说道："这些宝贵的专利不能随便处理。这一切专利财产以 315 万美元卖给我们好吗？为了工厂及公司……"

天才工程师许瓦布被提升为厂长，代替琼斯的位置。当时，许瓦布年仅 27 岁，他是一位颇有野心的自我主义者。

在琼斯死后的一年，卡内基提升 39 岁的弗里克为卡内基兄弟公司的董事长。

表面上看，刚上任的弗里克只拥有公司股票的 2%，但弗里克的手腕是相当厉害的。就在他任董事长的第二年，通过各种途径，公司纯利即达 350 万美元，第三年就跳至 535 万美元。

狄克钢铁公司与霍姆斯特德钢铁公司一样，是由匹兹堡的 6 位钢铁业者联合投资兴建的。他们所发明的压延铁轨制法，被公认是全美数一数二的。

弗里克告诉卡内基："匹兹堡的狄克钢铁公司因罢工而濒临倒闭，正是买下它的好机会。"

若买下狄克钢铁公司，要垄断全国的铁路用铁轨就不再是梦想。

卡内基对此兴趣十足。

弗里克首先出价 60 万美元，但遭狄克拒绝。卡内基只在一旁冷眼旁观，弗里克还能有什么手腕呢？

就在这期间，发生了令卡内基吃惊的事情，宾夕法尼亚铁路、俄亥俄、巴尔的摩铁路，连联合太平洋铁路也转来如下消息："不知是谁散发了奇怪的传单给全美的铁路公司……据说狄克钢铁公司的铁轨，材质缺乏均一性，是有缺陷的产品……"

狄克最终以 100 万美元的低价卖给了卡内基，这是天上掉下来的金蛋，在合并的第二年，收益就达到 500 万美元。

弗里克在布拉德工厂与霍姆斯特德工厂之间，以铁桥铺设相连的铁路，与匹兹堡的狄克工厂，也铺设三角形的连接铁路，之后，卡内基一举将资金增至 2500 万美元，公司名称变更为"卡内基钢铁公司"。

这时的 2500 万美元简直是天文数字。卡内基公司是世界上最大的钢铁公司。不久之后，又更名为"US 钢铁的巨大企业集团"，由卡内基钢铁发展到 US 钢铁的历史，就像卡内基兄弟公司变更为卡内基钢铁公司一样，并不是纯粹的事业扩大史。

卡内基带着新婚太太，前往英国及巴黎等欧洲大陆旅行的次数，比从纽约到匹兹堡的次数还多。

而他紧握住的新公司股份，仅过半数，只有 1383.3 万美元，其余是斐浦斯占 275 万美元，弗里克占 275 万美元，乔治占 100 万美元。另加上 4 位股东的 50 万美元及 15 名股份较少的股东。

这些人中除了喜好旅行、艺术，住在霍姆坞德镇的邦迪·波特这位好友外，还有年轻力壮、朝气蓬勃的工程师，与从苏格兰来的亲戚子弟。

以 275 万美元高居第二位的股东亨利·斐浦斯，代替了死去的弟弟汤姆的角色。但公司营运的实权却完全控制在弗里克手中。

公正处理罢工恶果

1892 年 7 月 6 日拂晓时分。闷热的清晨，天还没亮，霍姆斯特德的罢工开始了。

在淡淡的月色中，一艘大拖船从匹兹堡驶出，迟缓的发动机声在莫农卡黑河面上响着。这艘拖船拖着两艘舢板，朝着霍姆斯特德工厂的码头驶去。

拖船的船舱和舢板上，有近百名彪悍的男子，他们手持来复枪，全副武装，舢板发出迟缓的声音前进着，它是弗里克秘密签约的皮卡顿警备公司的船只。"警备公司"名称很好听，但事实上却是俗称"破坏罢工"的武装暴力集团。

纠纷发生时，卡内基正在苏格兰高地旅游，直至两天之后才得到消息。在此之前及之后，他的生活中从来没有哪件事情如此严重地刺痛了他。

卡内基认为工人们极度蛮横无理是他们的错误。使用了新机器，按照新的计酬方法会使罢工者每天可以获得 4 美元至 9 美元工资。

工会办公室给卡内基发了电报：

亲爱的总裁先生，告诉我们，你希望我们做些什么，而我们也将遵照你的指示去办。

卡内基一如往年，正在妻子的陪伴下前往苏格兰的拉诺克牧场避暑。他下了一封严厉的指令电报给弗里克：

贵电敬悉。

获知阁下果断的决议，忧虑顿消。纵使工厂内杂草丛生，也不再雇用反叛之徒。胜利属于我们！

卡内基的这封电文，在以后成为招致非议的根源。

"万人制铁镇"的霍姆斯特德已成为革命的战场，全美钢铁劳工联盟占据了镇公所、警备局并进入生产管理体系。

弗里克所雇用的皮卡顿警备公司的拖船，趁着天还未亮，由码头进入工厂内，动用武力。此时正当拖船驶抵第一码头。

陆上响起数发枪声的同时，汽油倾入了河中，估计汽油刚好流到舢板时，炮弹发射了出去。舢板立刻烧毁，造成11人死亡、60人受伤的大惨案。

皮卡顿举白旗投降，他们被迫解除武装，拉到镇上游行。这些警备公司的破坏罢工男子，在镇上再次受到袭击，牺牲惨重。

在这种情况下，弗里克请求州长出兵帮助。

7月13日，斯诺登少将率领8000人的骑兵队，进入霍姆斯特德工厂，终于镇压了暴乱集团。霍姆斯特德的罢工风波，世界各地都作了报道 。

这时，《纽约世界日报》成功地和在苏格兰的卡内基联络上。他正在一处远离铁路及电报局的牧场内。

这家报纸刊登了卡内基的发言：

工厂的事全权委托弗里克，我不能表示任何意见。

这则消息一经发出，全美舆论哗然，交相指责卡内基。

7月23日午后2时左右，吃完午餐归来的弗里克，在匹兹堡的办公室内，正和股东莱休曼商谈一些事情，突然，有一位持枪的年轻男子闯入，举枪射中弗里克。

第一枪贯穿弗里克的左耳后，从颈部进入头部；第二枪命中右颈及肩膀，第三枪幸亏没有击中，弗里克大量出血，莱休曼立刻将这名歹徒制伏在地。

歹徒用刀子猛刺弗里克的腰及臀部。这时，获知骚乱赶来的职员，要射杀这名歹徒时，弗里克嘶喊道："不要杀他！"

这名歹徒闭着嘴咀嚼着。逮捕他的职员将他的口扳开，原来他在吞水银胶囊，企图自杀。

弗里克在取出子弹的手术中拒绝麻醉，令人大惊失色。

歹徒是俄裔人，叫亚历山大·巴克曼，时年25岁，是无政府主义者。据说他是在罢工事件后，由劳方所派出的刺客。但根据法院的记录，此事系专门破坏罢工的暴力集团，要求弗里克增派"破坏罢工的帮手"未能如愿而寻衅滋事所造成的杀人未遂的暴行。

巴克曼最终被判刑21年。英勇的弗里克因这一事而名声大噪，而对卡内基抨击的舆论却更加高涨。

《伦敦时报》社论称：

> 卡内基的立场是违反常情的。公司代表虽然替他辩解说他以对工会运动一贯持道义进步主义立场而著名。
>
> 但现在他必须回答这样的问题：他在客居苏格兰期间所发表的标榜工会承认主义的"合乎逻辑"的讲话，为什么在美利坚合众国不予实行？

《伦敦金融评论》也撰文说道：

> 由于不知羞耻地追求财富，这位美国自由主义者破坏了他自己因向其故乡捐赠图书馆而获得的荣耀。

《圣路易邮电报》更是直言不讳：

> 英勇的弗里克，卑劣的卡内基。只要这位卑劣者说一句话，流血的惨剧或许就可避免。……据说现在卡内基没有回美国的意思。

英美的报纸对他交相责难，华盛顿议会召开特别委员会，调查霍姆斯特德工厂的流血事件时，当然也有必要倾听卡内基本人的心境。欲以这事件为界限，开始疏远弗里克，这种意图是不难想象的。

问题是，假如疏远弗里克，谁可以取而代之呢？除了意外死亡的琼斯上尉发掘的食品杂货店员许瓦布外，不做第二人想。而更重要的是，在卡内基的心中起了巨大的变化。

在美国工业界的工会发展史上，霍姆斯特德的罢工风潮占着什么地位呢？刚好碰到1892年的总统选举。这次选举是采取高关税政策而使卡内基获利的第二十三任现任总统哈里逊与克利夫兰竞争。

选举的焦点是取代关税争论的劳工问题。尝到一次落选苦果的克利夫兰，虽说是民主党，但因为在前一任的任期中，也采取高关税政策。他拟以"每日一议"为题目企图遏制国内罢工潮的时候，美国的选民突然强烈地关注起卡内基钢铁的流血事件。

"因高关税政策而中饱私囊，获得暴利的，只是资本家。劳工也应分沾利益。"广大民众阶层的舆论，受到这一事件的刺激，对自第十六任总统林肯以来长期执政的共和党政治——专门维护资本家的政策，提出了质疑与批判，形势转而对民主党大为有利。

促使卡内基与弗里克正式决裂的原因，虽然只是起于一次非常小的争吵，但冰冻三尺，并非一日之寒。

隔了许久，才从苏格兰的斯基伯堡回国的卡内基，前往纽约的办公室时，恰巧碰到从匹兹堡来的老友伍卡。卡内基对他说的话，与其说是失言，还不如说是存有挑拨的意图。

"弗里克嘛，他跟我合伙共同经营弗里克焦炭公司。而他竟然不签订新契约，以便将焦炭产品交给卡内基钢铁。你说奇怪不奇怪？"

伍卡事先就知道这件事情，但他默默地听着。弗里克焦炭公司虽说是合伙，但却是弗里克所创立的公司。当经营困难时，在麦隆的介绍下，股份对半平分以来，公司的经营全权委托弗里克。

因此，全部的产品都交给卡内基钢铁。但是，契约上没有定每吨的交货价格。

"弗里克不以目前每吨 1.5 美元的价格签约……"

这种最纯良的焦炭，销往需求量最大的西部时，市价每吨是 3.5 元，而卡内基却一定要弗里克卖 1.5 美元，但这哪能同日而语！

伍卡与弗里克是好友，也是弗里克焦炭的股东，他心里虽然如此想着，但在卡内基面前却不表示自己的意见。

卡内基骂出恶毒的话："因为贪得无厌，才会遭到歹徒的枪击啊！"

第二天早上，弗里克送来一封信给卡内基钢铁公司的董事会。那是弗里克的辞呈。

卡内基接受了他的辞职，弗里克的继任者是许瓦布，他成了董事长。

慈善事业与捐助

对金钱执迷的人，是品格卑贱的人。如果我一直追求能赚钱的事业，有一天自己也一定会堕落下去。假使将来我能够获得某种程度的财富，就要把它用在社会福利上。

—— 卡内基

出版 《财富的福音》

　　罢工事件带给卡内基的触动很深，他开始更深层次地考虑工人与工厂的关系，对于财富他有了新的感悟，他出版了《财富的福音》一书。

　　这本书出版之后，卡内基将不可避免地要遵照书中的教诲，停止为获得更多的财富而奋斗。他决定停止积累，开始一项无止境的更为严肃和困难的事业——合理而又明智的捐款。

　　他每年可以获利4000万美元，而且其前景非常看好，令人惊异的是，还会不断地增长。他成功买下美国钢铁公司之后不久，净利润就达到了每年6000万美元。如果继续扩大，卡内基每年可以赚到7000万美元。

　　钢铁已经成为了建材之王，已经得到广泛应用。人们将其他低劣的建材弃而不用，钢铁市场有着非常美好的前景。

　　但是对卡内基而言，他知道在他面前的这条捐赠之路还是任重道远。和往常一样，莎士比亚的诗句坚定了他的信念。

　　　　　　捐献可以节制奢侈，每个人都将富足。

　　在1901年3月，许瓦布先生告诉卡内基，摩根先生向他打听过卡内基是否真的要在商场上全身而退，如果是，他可以帮他安排。他还说，卡内基已经和他们的股东们商洽，在他提供的条件的吸引下，卡内基的股东们卖出他们各自持有的股份。

　　卡内基回复许瓦布先生，如果他的合作伙伴们都愿意把公司卖了，那他就没有什么问题了。于是，卡内基等人最后把整个公司卖掉了。

在投资商购买卡内基的钢铁公司过程中，用了很多的欺诈的方法与手段，他们不得不依照通货膨胀时候的价格，有时候，好几百美元的股份只能卖得很少的收益。但是卡内基拒绝接受出售公有股票得来的任何收益。

摩根先生后来告诉卡内基，如果他不那样做的话，他所持有的5%的共有股将使卡内基多得1亿美元。

事实证明卡内基应该接受在他名下的那5%的股份，因为他持有的共有股可以使他每年持续获得公司5%的收益。但是，卡内基已经知足了，事实也证明，卡内基根本不计较这些，他更忙于捐出他的钱来，而且比以前还要忙碌。

他的第一笔捐助是给工厂里的工人的，下面这封信能对这种情况作出一个解释：

纽约，N. Y.

1901 年 3 月 12 日

为了感谢工人们对我的事业的巨大贡献，特此捐赠400万美元，用于救济那些发生意外的工人们，同时也可以给那些需要帮助的退休工人提供一些养老费。

另外，我捐款100万美元用于维护我为工人们修建的图书馆和礼堂。

作为答复，霍姆斯特德的工人们于1903年2月23日给他回复了这样一封信。"亲爱的卡内基先生：我们霍姆斯特德的全体雇员，希望以这种方式，通过我们的工会对您的善心，对'安德鲁·卡内基救济基金'的设立，向您表达我们诚挚的谢意。基金运作的第一年的报表已经于上月呈交于您。您对工人们一贯的关心和爱护，我们无法仅用语言来表达。您通过很多的渠道行善，我们相信'安德鲁·卡内基救济基金'只是您诸多善举中的一个。这也使我们对日趋黑暗的人性重新有了信心。"

露西高炉的工人送给卡内基一个很漂亮银盘，上面刻着以下词句：

"鉴于安德鲁·卡内基先生在他慷慨的慈善事业中，为了卡内基公司雇员的利益，捐建了'安德鲁·卡内基救济基金'，因此，露西高炉的工人在一次特殊的集会上决定，向卡内基先生表达他们真诚的感谢并诚挚地祝愿他健康长寿。"

很快，卡内基就乘船去了欧洲，和以前一样，他的伙伴们送他上船，与他挥手道别。

几个月后，他回到纽约，他的感觉却有了天翻地覆的变化，他看到许多工人们到码头上欢迎他，他感到很激动。还是那帮朋友，但境况却今非昔比了。

卡内基失去了合伙人，但却赢得了众多的朋友。

卡内基对如何处理他的财产，如何明智地作出决定，有了新的感悟。对于捐赠，他乐此不疲，也从中受益匪浅。

有一天，在一家办得很不错的报纸上，他看到了这样的一个标题，从"苏格兰美国人"身上，他看到了许多可贵之处。

标题是这样的：

上帝给你一根线，让你开始编织一张网。

这像是专门对卡内基说的，他仿佛受到了神的启示，决定立即开始编织他的第一张网。

而事实上，上帝也真的给他送来了一根线，纽约公共图书馆的比林斯博士来找他。他一下子拿出了 525 万美元来为纽约市建造 68 座小型图书馆。后来又为布鲁克林区建造了 20 座。

真是有其父必有其子，卡内基的父亲是在丹弗姆林成立第一家公共图书馆的 5 个工人之一，他们将自己的书聚拢起来，便于贫穷的邻居们阅读。

卡内基追随他的做法，在他的家乡捐建了一座图书馆。这是他的首次捐赠，当时他的母亲还为之奠基。

后来，卡内基在美国第一个家所在的阿勒格尼城捐建了一座图书馆和一个礼堂。哈里森总统友善地从华盛顿请他来到这里，并且参加这两座建筑的开放庆典。

没过多久，匹兹堡想要建一座图书馆，卡内基答应了。

就这样，卡内基后来还捐建了一系列的建筑：博物馆、美术馆、技术学院和为青年女子开设的玛格丽特·莫里森学院。这组建筑于 1895 年 11 月 5 日投入使用。

在匹兹堡，卡内基为之一共投入了 2400 多万美元，他认为自己的财富都是在匹兹堡获得的，自己只是回馈了社会一小部分而已。

卡内基的第二笔大额捐款，是在 1902 年 1 月 28 日，他用 1000 万美元来设立华盛顿卡内基协会。

卡内基与罗斯福总统商议，如有可能，请国务卿约翰·海担任协会基金的主席，而海先生也已经同意了。

　　罗斯福总统强烈支持这一基金，1904 年 3 月 28 日通过的一项法案也与之相合："为了鼓励以最为开放和自由的态度来对待调查、研究和发现，将知识运用于人类的进步，将支持和协助任何科学，文学艺术机构的调查，以及与政府、大学、科研机构和个人之间的合作。"

设立英雄基金

卡内基的第三笔巨额捐助是建立了"英雄基金",这是他全心关注的一件事情。

匹兹堡附近的一个煤矿发生了重大事故,而这个煤矿的前任主管泰勒先生,虽然已经在其他行业任职,但还是乘车赶到了事发现场,希望能对解决危机提供些力所能及的帮助。

他结集了一批志愿者,带着他们下到矿井,拯救困在下面的工人。那天有人为了拯救他人而牺牲了,这让卡内基很有感触。

有位朋友寄给卡内基一首诗,他在事故发生后的那天上午又将它读了一遍,然后毅然决定建立一个英雄基金。

在和平时代有人说:"当战场归于沉寂、战鼓不再敲响,大地上便不再会有英雄的事迹传扬。"

不要轻易地说出英雄这称号吧,

高举的胜利之手曾将多少尸骨埋葬。

妇女苍白而颤抖的面庞,

面对男人的耻辱,岩石般坚强。

幼儿悄悄流泪,

只为了,不让母亲心伤。

和平时代的英雄,

是法律的卫士,让世界为他鼓掌。

为千万人的生命,牺牲自己又何妨。

因此，卡内基设立这 500 万美元的基金，其目的是为了奖励英雄，或是为了用作对英雄的家属的抚恤金。那些为了拯救别人而牺牲了自己的人，因为帮助他人而变得贫穷的人和他们的家人都在捐助的范围之内。

这一基金自 1904 年 4 月 15 日建立以来，便受到了社会各界的广泛好评，取得了决定性的成功。卡内基对此项目有一种父亲般的关爱，因为这是他一手创办起来的，也没有谁给过他建议。

在卡内基之前，还没有人想到过这一建议。为此卡内基对此基金情有独钟。

随后，卡内基又将它的范围扩展到了他的老家，大不列颠将基金的总部设在丹弗姆林——由卡内基丹弗姆林信托公司对其加以管理，并且获得了巨大的成功。在适当的时刻，卡内基还将他们引入了法国、德国、意大利、比利时、荷兰、挪威、瑞典、瑞士和丹麦。

至于其在德国的工作，卡内基收到了一封大卫·简·希尔的来信，他是美国驻柏林的大使。下面是部分内容：

我写这封信的目的主要是想告诉你，德皇对于德国英雄基金会的工作有多么高兴。

他对这项工作非常热心，并且还多次夸到你的洞察力以及你的慷慨大度。他简直不能相信这个基金会发生这么大的作用。

他跟我讲了一些非常令人感动的事情，其中一个是这样的：一个年轻人救了一名落水的小孩，在当他把小男孩放到船上的时候，他突然心脏病发，沉入了水中。他有一个年轻可爱的妻子和儿子。

英雄基金会已帮助他的遗孀开了一个小商店以维持生计，并且保证他的孩子日后能接受教育。这只是众多事例中的一个。

瓦伦提尼最初对这一基金设立的必要性表示怀疑，而现在则非常积极热心地关心起来。他告诉卡内基说，整个委员会的人员都是经过仔细挑选的，他们都真诚地拥护这一工作，并且为他们的决定牺牲了很多时间。

他们还尽量和英国及法国的基金委员会保持一致，在他们之间互相交换报告，作出计划在他们的工作中保持联系。他们对美国的报告十分感兴趣，并从中借鉴了不少。

英王爱德华对于基金的工作表示支持和欣赏，他给卡内基写了信，并亲自签名，以表达其对英雄基金和卡内基在英国捐建的其他礼物的感谢。

卡内基对这封信十分珍视，因此引用在这里：

温莎堡，1908 年 11 月 21 日

亲爱的卡内基先生：

一直以来，我都盼望着能向你表示谢意，感谢你对这个国家，你出生的这片土地的慷慨捐助。

你为了防止你的捐款被滥用而付出的心血比你的捐助本身更让人感动。

我热切地想要告诉你，你的善举及其在这个国家产生的影响深深地温暖了我的心。

我希望你能接受我寄给你的一幅我本人的画像，以此表示我对你的尊敬。

请相信我，亲爱的卡内基先生！

你诚挚的爱德华

一些美国的报纸对英雄基金的效益表示怀疑，对第一年的报告也持批评的态度。但这一切都成了过去。如今，英雄基金的丰功伟绩受到了热情的赞颂，它将长久兴盛，直至有一天，文明、进步的社会不再需要它。

原始社会的英雄残杀同类，而在今天的文明社会，英雄们则尽量保护同类的生命。这就是肉体和道德上勇气的差别，是野蛮人和文明人之间的区分。

互相残杀的英雄将会很快被遗忘，因为如今人们将之视为同类相残。而只要地球上还有人类存在，那些不为私利的真正英雄就会永远活在人们心中。

英雄基金主要是个抚恤基金，已经有许多人得到了资助，包括英雄以及英雄的遗孀和孩子。

最开始的时候，人们对英雄基金有一个奇怪的误解，很多人认为他的目的是为了激励英雄行为，这样会使一些人因奖金的诱使而做出英雄事迹。

卡内基认为这是荒谬的看法，他从来都没有这样想过。

真正的英雄是不会考虑到奖金的，他们关心的，只有危难之中的同伴，并受此而鼓舞，而不是为了自己可以获得多少好处。英雄基金的宗旨不过是以最合适的方式对伤残的见义勇为者和牺牲者的家属进行一定的帮助。

它已经有了一个良好的开始，随着它的目的和作用被更好地得到理解，卡内基相信它会一年比一年发挥更大的作用。

卡内基在自己的老部下中为英雄基金挑选了一位负责人，查理·泰勒。他做这项工作没有任何薪水，一分钱都没得到过。但他是那么喜欢这项工作，卡内基相信即使让他花费许多钱他也会愿意。他是这个位置的最佳人选。

与此同时，他还负责着威特摩尔先生的补助基金，卡内基工人抚恤金，以及卡内基以前所在的老部门的铁路工人抚恤金。而这三种救济金都以利他为目的。

查理一向不慕虚荣，淡泊名利。但是有一天，卡内基还是逮着了一个"报复"查理的机会，因为他老是催逼着卡内基，让他为别人做这做那。

他是理海大学的毕业生，对母校有很深的感情。理海大学想要卡内基捐一座礼堂，查理是最主要的倡议者。

卡内基什么也没说，给君克校长写了一封信，说他很愿意为这座礼堂出钱，但是有个条件，就是必须由卡内基自己来给教堂取名字。他同意了，而卡内基竟然将之命名为"泰勒礼堂"。

当木已成舟，查理·泰勒发觉的时候，一切都已经晚了，他虽然对此表示抗议，说自己受之有愧，不敢接受这份虚名。他只是一个普通的毕业生，他的名字当不起那么大的荣誉，他怕自己会遭他人嘲笑。

没想到他的窘态让卡内基感到高兴，卡内基就安慰他说这也许会让他有点尴尬，但是他应该愿意为理海大学做出点牺牲。他应该正确地看待名利，只要对他的母校有帮助，是不应该计较他的名字是怎么用的。

其实很大程度上不是因为用了他的名字，而是他的虚荣心也在作怪。卡内基鼓励他必须看开名利，必须作出一个决定，或者放弃他的名字，或者牺牲他所热爱的理海大学的利益。

成为大学校长

1905 年 7 月，卡内基做出了第四次捐献，他为年老的大学教授提供了 1500 万美元的养老金，即卡内基教育发展基金。

卡内基需要从全美的教育机构中挑选出 25 位校长作为基金的托管人。当 25 位校长聚集在卡内基家里商议如何组织这一问题时，卡内基的行为得到了他们的一致认可，从此以后卡内基与他们成为亲密的朋友。

这一基金对卡内基来说具有重要的意义，很多人成为该基金受益者。卡内基确信，他们为社会创造的价值使他们完全有资格获得这笔基金。

卡内基认为，在所有职业中，教师可能是待遇最不公平的一种，他们拿的几乎是最低水平的工资，尽管按理来说，他们应该享受最高的工资待遇。

理论上说，教师都是受过良好教育的人，具有高尚的品格，他们奉献了一生来教育年轻人，却只得到微薄的薪水。

当卡内基第一次做康奈尔大学的信托管理人的时候，他震惊了，教授们的工资水平，还远远不及他的某些员工。光靠节省和储蓄根本无法保障他们的晚年生活，因此那些没有养老基金的大学便只能终生聘用他们，不论他们是否还能工作，是否还有必要，他们都会在讲台上一直站下去。

养老基金的积极作用是毋庸置疑的。公布的第一份受益者名单确实考虑到了这一点，其中有几个还是世界知名的教授，他们对人类知识的积累做出了杰出的贡献。许多受益人或者他们的遗孀给卡内基写来了热情洋溢的感谢信。

卡内基保留着这些信，在他心情忧郁的时候，会找出来读读，这让他所有的不快都会烟消云散。

卡内基的一位朋友为《英国评论》写过一篇文章，文章揭示了很多苏格兰人尽管节衣缩食，也无法供他们的孩子上大学。读了这篇文章之后，卡内基有了一个想法，拿出1000万美元买入年息为5%的公债，其中受益的一半用来支付穷孩子上学，另一半用于大学的建设。

这个基金被称作"卡内基苏格兰大学信托基金"。他的信托管理人大会于1902年首次在爱丁堡的国务卿办公室举行，鲍尔弗勋爵主持了大会。出席会议的都是著名的人物。

卡内基在会上解释道，他之所以请他们担任基金会管理人，是因为他在看了最近的一个调查报告后，认为不能委托苏格兰的大学来管理这笔钱。

鲍尔弗先生立即表示赞成，喊道："一个便士都不成，一个便士也不行。"而埃尔金伯爵就是卡内基提到的那个调查团的成员之一，他也完全赞成卡内基的意见。

在宣读了基金的各项章程之后，埃尔金伯爵认为其条款不够严格，也不够具体。他想知道它的具体职责是什么，卡内基给予大多数托管人的权力，如果在日后随着情形的变化，他们认为本基金用于支持苏格兰教育的方式已经不再适用，那么，他们是否可以更改受益对象，以及使用资金的方式。

鲍尔弗勋爵也同意埃尔金的观点，他说他从未听说过一个立遗嘱的人愿意给执行人这么大的权力，他想问具体该怎么做。

卡内基说："鲍尔弗先生，我从来不曾知道有哪一些人可以为他们的后代立法，甚至，很多情况下，他们为自己这一代人制定的规章也完全不能成功。"

听完卡内基的话之后，所有的人发出了一阵此起彼伏的笑声，连首相也忍俊不禁了，他说："你是对的，完全正确。但是我认为，你是第一个持此明智观点的捐赠者。"

卡内基建议只要一半以上的人同意的话，就可以行使权力，但是鲍尔弗却建议说不应低于 2/3 的人数。这个建议得到全票通过。

卡内基确信这是一条明智的规约，在日后也得到了证明。

卡内基所有的捐赠都紧密联系着，形成一个整体，他相信这在将来会体现出其价值来的。来自丹弗姆林的埃尔金伯爵义无反顾地担任了这个基金会的主席。

当卡内基跟鲍尔弗首相说他希望埃尔金能担当此任时，他马上回答："在大不列颠，他是担此重任的不二人选。"

现在，卡内基对这一点都十分满意。唯一的疑问是：在什么地方可以获得他的等价物？

真是凑巧，在活着的人们当中，只有 4 个人当选为英国议员，并且还获得了丹弗姆林荣誉市民的称号。而这几个人都与苏格兰大学信托基金有着或多或少的联系，他们 4 个人是亨利·坎贝尔·巴内曼爵士、埃尔金伯爵、约翰·罗斯博士和卡内基自己。

但是还有另外一位女士进入了这个圈子，她就是卡内基的太太，她也是唯一的一个获得丹弗姆林荣誉市民这一殊荣的女性，和卡内基一样，她也热情地为这个城市奉献着。

卡内基在 1902 年当选为圣安德鲁斯大学的名誉校长，这是他一生中的大事。这让卡内基获得了进入大学这方世界的门票，在这个世界里，卡内基还只是一个陌生人。

第一次与全校教师会面的时候，那感觉令卡内基一辈子铭刻在心。

当他在那张岁月悠久的椅子上坐下时，他想到了自圣·安德鲁建立这所大学以来，这 500 年里在这张椅子上坐过的那些逝去了的令人敬仰的校长们。

卡内基读了校长们的演讲记录，为他即将要作的演说做准备。其中有一段话特别引人注目，斯坦利名誉校长建议学生们："去伯恩斯的诗句中寻找你们的信仰。"

作为宗教界的要人和维多利亚女皇的爱臣，他能说出这样的话来，可见宗教在一直不断进步。伯恩斯最好的操行规范，首先是，你身上唯一应受责备的就是恐惧。

在卡内基的早期生活中，他一直将此奉为座右铭："恐惧，是地狱中刽子手的皮鞭，不幸的人，一个个受到鞭笞，但你的荣誉抓住了阿门的感觉，让此成为你的边界。"

卡内基邀请苏格兰4所大学的校长及他们的妻子到斯基伯堡盘桓一周，这给卡内基和他夫人带来了很多乐趣。苏格兰大学信托基金会的主席埃尔金伯爵、鲍尔弗勋爵及夫人参加了他们的第一次聚会。

此后，每年举行"校长周"成为一个固定的传统。他们之间结成了深厚的友情。他们都认为，基金给大学带来了极大的好处。这种活动激发了合作的精神。

第一个校长周结束时，一所大学的校长握着卡内基的手说："苏格兰大学的校长们花了500年的时间也没有弄清楚怎样召开我们之间的会议，可没想到大家在一起待上一周就都清楚了。"

资助美国的高等教育机构也是卡内基一直放在心头的一个问题，但是他认为像哈佛和哥伦比亚等大学已经足够大了，他们都拥有5000至10000名学生，没有必要再扩大规模了。而那些小型的教育机构，特别是一些专科学院，则急需帮助。

卡内基的财富将使它们更加有用。

基于这个想法，后来卡内基就把对教育的资助局限在这个范围内，并且对自己的明智决定很是满意。后来卡内基发现洛克菲勒的教育基金大众教育委员会与他不谋而合，洛克菲勒先生希望卡内基加入他的委员会，卡内基答应了。

加入以后，卡内基发现：合作果然要比各自为战好得多。

在向众多的专科学院捐款的过程中，卡内基的许多朋友得到了像查理·泰勒一样的荣誉，比如说，迪金森学院的康威大厅就是用蒙丘·康威的名字命名的。他出版了自传，文学协会称这可以算得上是文学作品，说："这两本书在一堆烂似垃圾的自传中如宝石般闪闪发光。"

这对于一个正在往那一堆里凑的人来说应该有一些启示。

康威先生自传的最后一章是这么写道：

祈求和平吧，我的读者。

和平不是向雷雨云的膜拜，而是要靠你遇见的每一个男人、女人和孩子。

不要只是祈祷：给我们和平，而是要尽你的力去争取！如此，虽然这个世界如今正处于冲突之中，至少在你的心中是和平的。

卡内基的朋友直指人类最深层的耻辱。毫无疑问战争应该被文明国家所抛弃。

卡内基还在俄亥俄州的凯恩斯学院设立了斯坦顿经济学名誉教授一职，其目的是为了纪念德温·斯坦顿。当年卡内基还是一个半大小子时，在匹兹堡给他送过电报，他对卡内基非常和蔼，当卡内基在华盛顿给斯考特先生当助手时，他一直对卡内基很好。

类似的捐赠还有布朗大学的约翰·海图书馆，给汉密尔顿的第二个伊莱休·鲁特基金等，卡内基很高兴能用这些朋友的名字，他希望能有更多的机会来纪念那些他认识、他喜欢、他尊敬的人。

本来他还想捐建一座道奇将军图书馆，但这两位朋友已经从他们的母校得到了这个荣誉。

卡内基送给汉密尔顿学院第一份礼物时，原本想命名为"伊莱休·鲁特基金会"，但是这位最能干的国务卿、罗斯福总统眼里"最明智的人"并没有把卡内基的意思转达给大学管理层。

当卡内基向他提出责备的时候，他笑着回答说："哈哈，我答应你，在你给我们学校送来第二份大礼的时候，我决不再欺骗你。"

在卡内基给这所大学赠送第二份礼物的时候，他多留了一个心眼，没有直接委托罗斯福去办这件事。卡内基委托别人建立了鲁特汉密尔顿基金，等到生米煮成了熟饭，他便没法干预了。

鲁特是一个出色的人物，从极简单又极崇高这一角度来说，他是唯一可以称得上伟大的人物。

罗斯福总统曾说，如果给鲁特一个成功的希望，任命他为总统候选人，那么他愿意从白宫爬到国会大厦。

有人认为他还有弱点，他曾经是个律师，却不善于花言巧语，根本不是个能蛊惑人心的政客。他是一个太过于谦逊和内敛的政治家，根本无法吸引那些下层人民的注意。他所在的政党也十分愚蠢地决定不将他提名为总统候选人。

完善捐赠制度

卡内基与汉普顿和塔斯基吉学院建立了联系。这个举动提高了黑人的地位，卡内基为此也十分高兴和自得。此外，更让卡内基高兴的是他有幸结识布克·华盛顿，为此他兴奋异常。

布克·华盛顿不仅为个人的地位与利益奋斗，从奴隶奋斗到一个教育家，而且他还帮助成千上万的黑人奴隶的政治地位得以提升，成为美国的公民。这样的一个人值得所有人钦佩。

在卡内基捐献了 60 万美元给塔斯基吉学院之后，没过几天，华盛顿先生来看他，并向他提了一个建议。

"你十分好心地在基金里特意指定一笔钱，用于资助我和我妻子的生活，我对此十分感激。但是，卡内基先生，我根本不需要那么多钱，对我们黑人来说，这可是很大的一笔财富。有的人可能会心存侥幸，认为自己不再是一个穷人了，不再努力工作、勤俭节约。你看是否能改变一下某些条款，删去具体的钱数，根据具体情况来酌定合理数目？我相信信托基金，但我和我的夫人并不需要那么多。"

卡内基接受了他的建议，而且这一契约至今还维持着，但是当鲍尔德温先生从卡内基手里拿走原件，以方便将之进行修改时，他对卡内基说，高贵的灵魂不会允许他这样做。

对他宣读的档案将永久保存，并且传之后代。但他却要把它放到一边，而使修改后的替代品成为有效文件。

在与这些协会联系的时候，卡内基开始接触他们的官员和托管人。能够和他们相识并建立亲密的关系，卡内基感到十分荣幸。库珀联盟技工和商人协会，卡内基对每一个协会都很感兴趣，他们的每一个人都奉献了自己的时间和力量，而且都有着崇高的理想，希望能够解放和帮助他们不幸的同胞。

卡内基很早以前就开始向教堂捐赠管风琴，卡内基的父亲当年在阿勒格尼参加过一个成员不到 100 人的斯维登伯格教会。由于其成员太少，卡内基拒绝为它捐建一个新教堂，但他还是捐了一架管风琴。

从那时候开始，想要管风琴的申请从其他教堂如雪片般地飞来，从匹兹堡的天主教大教堂，到乡间村庄的小教堂，所有的教堂似乎一夜之间都需要一个比现在更新更棒更好的管风琴。

相比于购买新管风琴所需的花费，卡内基觉得使用那个旧一点的明显更加合适。有些为小教堂订购的风琴被抬进去之后，房顶差点被顶漏了。

还有的教堂，已经买了管风琴，但还是热烈欢迎卡内基把这笔钱给他们当作补偿。

最后，卡内基为此建立了一个比较严格的捐赠制度，申请人需要填写一张表格，回答许多问题。

然而，在苏格兰高地，有人指责卡内基说他捐赠的管风琴破坏了他们的基督教崇拜。在那些有着严格的长老会制度的地方，教徒们还批评卡内基说："用一个装满哨子的箱子代替人类的嗓音来赞美上帝。"

此后，卡内基决定他的过错还需要所有的教堂来共同分担，于是，他让每一个圣会为给他们买的新管风琴支付一半的费用。在此基础上，管风琴部门依旧运行良好，生意兴隆。对新管风琴的要求依然很大，除此之外，有些教堂需要增加人口，对此，添置一些新的管风琴十分有必要。

从他的自身体验来看，在礼拜的间隔奏响圣乐很有好处，卡内基认为花在管风琴上的钱是合理而必要的，管风琴部也因此一直保留着。

在卡内基所有的慈善项目中，有一项最能表现他博爱的品格，是他的私人抚恤基金让他获得了至为高尚的回报。即便当你处在一个安逸的环境中，也没有哪种美妙的感觉可以和它相提并论。

许多善良的人在老年时期没有足够的财产来维持体面的生活，他们依然在为勉强维持生计而操心。只要不多的钱，他们就可以衣食无忧，当卡内基发现有那么多的人需要帮助才能过上幸福的晚年时，他感到十分惊讶。

卡内基在退休以前就开始做这件事，从中他能体会到无尽的快乐。在他的受益者名单上，不止一位老人接受过他的帮助。这是一份真正的荣誉和相爱的名册，这份名单从未公开，没有人知道谁获得了帮助，对别人他也一个字都没有透露过。

这就是那个问题最合适、最好的答案，尽管卡内基从来不去想自己做好事到底是为了什么，名单上那些亲爱的朋友们得到了他的帮助，还是给了一个令人满意的答复。

卡内基对此很满足，他早已得到了太多的东西，超过了一个生命该得的那一份。因此，他不再向未知索要任何东西。

在普世法面前，他只有静默鞠躬，遵守法官的裁决，不再索要任何东西，也不害怕什么，只要做着他该做的事情，不求回报。

事实上，给予比获取更为幸福。如果他和那些受资助的人调换一下位置，他们也会为他做很多事。他对这一点有信心。他得到了许多真诚的感谢，有些人甚至告诉他，他们每天晚上都在祷告中为他祝福。他忍不住将他的真实感受告诉他们：

"不要祈祷，"卡内基说，"不要为我要求更多，我已经得到了远远超过自己该得的那一份，公平的做法是将上帝已经赐予我的眷顾拿走一大半。"

卡内基不是说说而已，这的确是他的真实感受。

铁路抚恤基金也有着相类似的性质，宾夕法尼亚铁路公司的很多老工人都是他的照顾对象。他们是卡内基在宾夕法尼亚分部做主任时，他手底下需要帮助的老工人，以及他们的家属。

在卡内基还是一个小孩的时候，他就知道了他们的名字。他们对卡内基都很友善，这个资金帮助的很多人卡内基都认识，他们都是好朋友。

卡内基为资助工厂工人而设立的钢铁工人抚恤基金帮助了很多卡内基认识的人，更帮助了好几百个与卡内基素未谋面的人。

遗产的分配

在 1887 年，卡内基母亲与弟弟亡故半年的时候，卡内基写信给好友自由主义者葛莱德斯顿说了一句名言："人死而富乃是最大的耻辱。"

可是，在两年后，他把一篇题为《财富的福音》的文章，寄给了《北美评论》杂志。文中提到他对财富的两种假定分配法。第一，将遗产分赠给亲戚，这是一般人最常选择的方法；第二，依照遗言，捐赠给社会。

卡内基认为："留给子女万能的金元无异于留给他一个诅咒，遗产绝不是孩子们的福利，只有家族的荣誉才是激励他们有所作为的福音。"

卡内基关于"继承的财产会毁掉一个人"的观点，后来得到了专家们的证实。1992 年，美国经济专家在调查中发现，继承财产超过 15 万美元的人中有近 20% 不再工作，有的整天沉醉于享乐，甚至弄得倾家荡产；有的则一生孤独，甚至出现精神问题，或干出违法犯罪的事。

1910 年卡内基国际和平基金会成立。基金分配是美国 2.88 亿美元，英国 6200 万美元。至于他的遗孀及女儿，大概在生前就已分配完毕。

卡内基 1919 年 8 月 11 日去世，享年 84 岁。

他死时《纽约时报》发表了一篇社论：

在遗言里，卡内基说完了一切。

附　录

只要一心一意、持之以恒，不断努力向前进，情形必会好转。努力前进吧！

—— 卡内基

经典故事

∽ 养兔子 ∽

钢铁大王卡内基很小就表现出商业天赋。

有一次，他养的母兔生了一窝小兔子，但是他没有足够的钱买食物喂养这些小兔子。

于是卡内基心生一计，他对邻居小孩子们说："如果谁能弄来金花菜、车前草喂养他的小兔子，将来他就用谁的名字来称呼这些小兔子作为报答。"

这一计策果然产生了奇效，整个暑假，小朋友们都心甘情愿地帮他采集金花菜和车前草。

∽ 辛苦工作 ∽

卡内基决定要当个比线轴工稍微体面些的工人。他努力干活，几个月后，有人叫他干一种新活儿——给为织机提供蒸气动力的炉子加煤，一星期挣 1.65 美元。他总是提心吊胆的，这个活儿又辛苦又危险，因为要是一不小心，这锅炉也许会爆炸，把他炸死。但卡内基家里需要额外的收入。

后来，卡内基成为一名小邮递员，每星期挣 2.5 美元，对一个 14 岁的男孩来说这已是很优厚的工资了。他比其他 4 个邮递员个子矮些，但他是他们中间跑得最快的一个。

不久，他每星期就挣 3 美元了。卡内基要是不在镇上四处送电报，他就学着认识摩斯电码。最后，他因为学得很好而当上了报务员，每月工资 25 美元。那时他才 16 岁。

卡内基是美国历史上最富有的人之一，然而随着财富和年龄的增长，他几乎对钱感到厌恶。他说，他只要看到钱或者接触到钱就生气，因此身上从来不带钱。有一次他因为没有钱买车票，被从伦敦的一辆电车上轰了下来。

偶然的机遇

一个偶然的机会，让卡内基走上了致富之路。

有一次，他坐火车去某地的途中，一位发明家坐在他的身边，拿出了自己发明的新卧车模型给他看。卡内基特有的机警和远见，使他看到了这项发明的远大前途。

于是，他借钱购买了拥有那项发明的那个公司的股票。当卡内基 25 岁时，他每年从这笔投资中所拿到的分红就达 5000 美元。

年　谱

1835 年 11 月 25 日，出生于苏格兰古都丹弗姆林。

1848 年，和家人来到纽约港，后辗转到匹兹堡。

1849 年，来到匹兹堡的大卫电报公司做信差。

1853 年，在宾夕法尼亚州铁路公司当私人电报员兼秘书。

1862 年，与几个朋友创立了建造铁桥的公司。

1863 年，建立现代钢铁公司。

1865 年 4 月，向宾州铁路公司递交辞呈并在宾夕法尼亚州与人合伙创办了卡内基克鲁曼联合钢铁厂。

1890 年，将公司名称变为卡内基钢铁公司

1901 年，为炼钢工人设立了救济和养老基金，在纽约市捐款建立了 68 座图书馆。

1902 年，在匹兹堡创办了"卡内基大学"。随后设立各种基金帮助他人。

1911 年，设立了"卡内基公司"，让公司人员代理捐献工作。

1919 年 8 月 11 日，卡内基去世。

名　言

- 上苍会奖酬勇敢的人。

- 一步步努力做下去，胜利必会降临。

- 和比自己强的人合作，而不是战胜他们。

- 实践认识的原理，彻底地认清自己本身。

- 遇到困难时，最重要的就是决不放弃，并运用持续的原理。

- "勿过早放弃"，这句话应当如格言般地随时用以警惕自己。

- 一切的财富，一切的成就，最初都只是一个念头而已。

- 一个有钱人如果到死还是很有钱，那就是一件可耻的事情。

- 即使困难有如山高，只要你的想法比山高，你一定可以超越困难。

- 一个年轻人所能继承到的最丰厚的遗产，莫过于出生于贫贱之家。

● 尽量用充满希望的积极语言来鼓励自己，不要老说一些丧失斗志的话。

● 只要一心一意、持之以恒，不断努力向前进，情形必会好转。努力前进吧！

● 就算一开始就尝到了失败的滋味，也不可退缩，要面对失败的挑战，继续奋斗。

● 不让外在控制内在，要以内在来控制外在，扭转乾坤，发挥我认为能，就能做到的精神。

● 人生必须有目标，而赚钱是最坏的目标。没有一种偶像崇拜比崇拜财富更坏的了。

● 不能思考是愚蠢的，不愿思考是固执的，不敢思考是奴性的。

● 每个孩子都要有一个目标，做一些超出他的责任范围的事情。

● 我认为正确的一条路应该是"把所有鸡蛋放在一个篮子里，然后好好地看管它"。

● 我们不能为他（上帝）做什么，他也不需要从我们这儿得到帮助。对上帝的最高的崇拜就是为人类服务。

● 带走我的员工，把我的工厂留下，不久后工厂就会长满杂草；拿走我的工厂，把我的员工留下，不久后我们还会有个更好的工厂。

● 对金钱执迷的人，是品格卑贱的人。如果我一直追求能赚钱的事业，有一天自己也一定会堕落下去。假使将来我能够获得某种程度的财富，就要把它用在社会福利上。

● 我之所以能成功，有两个基本因素：第一，我自幼出生在贫苦之家，所以我从小就力求上进与发奋，决心到长大之后要从我手中击败穷困；第二，凡事不论大小，都要认真地去做。努力把每一件小事情认真做好，以后才有人敢把大事情放心地交给你。

● 不要以为富家的子弟，得到了好的命运。大多数的纨绔子弟，做了财富的奴隶，他们不能抵制任何的诱惑，以致于堕落的境地。

图书在版编目（CIP）数据

卡内基／胡元斌编著. --北京：中国社会出版社，2014.8
（2022.6 重印）

ISBN 978 - 7 - 5087 - 4759 - 0

Ⅰ. ①卡... Ⅱ. ①胡... Ⅲ. ①卡内基，D. (1835～1919) -
传记 Ⅳ. ①K837. 125. 4

中国版本图书馆 CIP 数据核字（2014）第 123995 号

出 版 人：浦善新		策划编辑：侯　钰	
责任编辑：侯　钰		封面设计：张　莉	

出版发行	中国社会出版社	地　　　址	北京市西城区二龙路甲 33 号
邮政编码	100032	编 辑 部	(010)58124867
网　　址	shcbs. mca. gov. cn	发 行 部	(010)58124866
经　　销	各地新华书店		

印刷装订	北京华创印务有限公司	开　　本	170mm×240mm 1/16
印　张	13	字　　数	200 千字
版　次	2014 年 8 月第 1 版	印　　次	2022 年 6 月第 3 次印刷
定　价	49. 80 元		

中国社会出版社微信公众号　　　　　中国社会出版社天猫旗舰店